U0331070

大夏书系·教育常识

回归常识 做教育

储朝晖 著

华东师范大学出版社

全国百佳图书出版单位

图书在版编目（CIP）数据

回归常识做教育／储朝晖著 . —上海：华东师范大学出版社，2017
ISBN 978 - 7 - 5675 - 6550 - 0

Ⅰ .①回 ... Ⅱ .①储 ... Ⅲ .①教育研究—文集 Ⅳ .① G40–03

中国版本图书馆 CIP 数据核字（2017）第 213262 号

大夏书系·教育常识

回归常识做教育

著　者	储朝晖	
责任编辑	卢风保	
封面设计	小　米	

出版发行	华东师范大学出版社	
社　址	上海市中山北路 3663 号　邮编　200062	
网　址	www.ecnupress.com.cn	
电　话	021 - 60821666　行政传真　021 - 62572105	
客服电话	021 - 62865537	
邮购电话	021 - 62869887　地址　上海市中山北路 3663 号华东师范大学校内先锋路口	
网　店	http://hdsdcbs.tmall.com	

印刷者	北京季蜂印刷有限公司	
开　本	700×1000　16 开	
插　页	1	
印　张	15	
字　数	230 千字	
版　次	2017 年 10 月第一版	
印　次	2022 年 3 月第四次	
印　数	11 101 - 13 100	
书　号	ISBN 978 - 7 - 5675 - 6550 - 0/G · 10410	
定　价	45.00 元	

出版人	王　焰

（如发现本版图书有印订质量问题，请寄回本社市场部调换或电话 021-62865537 联系）

目录

第一辑　最不能丢的是教育良知

> 教育是一项被赋予特殊使命的工作，无论社会上发生什么，教育工作者都必须清醒地意识到：教育必须是干干净净的，否则就是反教育。须以此为准则，自觉接受全社会的监督，还教育一片洁净天地。

第二辑　坚守教育的底线

中国教育近几十年发展出现过这样那样的偏差，深入分析出现偏差的根本原因就是在如何看待人上出了问题。没有把人当成教育的主人，没有把学生当成教育的主体。淡化人，压低人，以行政意志为本，以经济发展或者某个功利的追求为本，以政绩为本，或把人仅仅当作工具的教育，肯定不是科学发展的教育。

第三辑　**叩问教育公平**

> 令人担忧的是，实现教育公平的制度环境尚未稳固建立。社会贫富与权力差距继续扩大，按权力大小择校与按付费多少择校的现象愈演愈烈。一些地方的择校由"小升初"延伸到"幼升小"，甚至延伸到选择幼儿园……事实表明教育公平问题依然严重。

第四辑　**教育需要情怀，更需要责任**

> 当我们从事一件与教育相关的事时，当我们身处与教育相关的环境时，我们都是教育工作者，都不要忘记自己的教育责任，都可以从有利于小孩子成长和发展的角度对自己的行为加以改进，小到一举手一投足，大到教育管理体制改革。

第五辑　怎样破解乡村教育难题

> 要注重改善乡村教师"进不去""留不住""教不好"的环境，创造"进得去""留得住""教得好"的教育生态，而不能简单认为给乡村教师提高工资待遇，乡村教育就能彻底改善。因为资金在任何时候都不是万能的，也不能简单认为只要把资金拨付下去，就没有别的事情可做了。

第六辑　没有安全，教育无从谈起

> 一些学校为了避免学生安全出现问题，喜欢让学生们尽可能待在教室里，减少室外活动，更别说校外活动了。但是，越是这样，孩子们的体质和自我保护能力越差，反而更容易发生意外伤害，这就是我们常说的，孩子们成了"温室里的花朵"。

面对教育的不完美

1981年秋天第一次知道陶行知，到屯溪的延安路看了他的生平事迹展览，便被他吸引了，此后写了首自勉打油诗：

> 八一秋风撩醒思，志立教育造新世；抛却身边半根草，人类优教度此时。

由此确定了自己"教育是我的职业，研究是我的生命，把教育办得更好是我的人生目标"的人生定位。

自1983年开始作教育与社会调查，30多年来对教育实地调查、实践、思考，积累了太多的心里话。其实这些话或许都是常识，但没有这些经历和体验的人尚不知道这些常识。于是现实中的教育被各方面的压力挤得类似腌菜粑，既不好看，也不好吃，总是酸溜溜的，甚至对人的健康成长发展还有不小的伤害，但人们不得不把它放在嘴里嚼个不停，甚至还要被迫咽下去。

到了知天命之年，这些心中的常识常被一些媒体约稿掏出来，但都比较零碎。多位出版人都跟我说：你何不将它们结集出版？可一直忙这忙那没时间做这件事。直到华东师范大学出版社一再敦促，才有这个"教育评辨"系列的集子出来。

书中所收文章是最近十年来各媒体约写的稿子。这些文稿确实是我就所思考的问题写成，事先没有设计整体框架，但与教育的实际问题紧密扣合。将该系列取名"评辨"是由于所收文章基本采用了评论辨析的文体和表述方式，对现实教育各个方面有批判、鞭挞的意蕴，也有讲理、分析的成分。

总体上我觉得中国教育经过近70年的"齐步走"，走得人们都不知道自己该如何独自去走路了，不会一个人依据自己的兴趣自主地迈开步子；近一二十年又以同一个起跑线为标准，让不少人产生"起跑线上的恐慌"，所有的人都想挤进同一个跑道赛跑。从遵从人的成长发展规律看，齐步走和所有人在一条跑道上跑步都不对。"散步"才是治愈中国诸多教育病的良方。因为散步是自由、自主地随意走，每人确定自己的目标，不按规定的路线和路程，自己选择时机和路程长短，这样每个人才能成长为最好的自己。中国教育当下需要的正是每个人自主地迈出自己的脚步，以自己适合的速度、方式，朝着自己认定的方向、目标，用自己的头脑思考如何走，这样才能从根子上解决教育的各种问题。

这个系列对每位教育当事人是清醒剂，从不同角度和路径构成解决教育问题的整体对策体系。中国当下的教育问题，就好比是一枚硬币，或更准确地说是一个多面体，它的一面是各级政府，另一面是参与教育的民众，还有一面是媒体以及其他社会组织，在其中起着联络、反馈以及其他各种作用。当人们对政府的某些做法不满时，可以找到政府这些做法的民众基础、媒体的盲视、社会组织的无能；而当人们审视教育上的不当行为时，发现它又与体制以及政府的某些政策和做法相关，与政府管理者的素质相关，也与社会各方面的见识和发展水平相关。

表面看来这些问题好像无解，其实这个解有多个方面，多个主体。这个系列就是基于这样的假定去从多个方面求解中国教育问题。每一位读者，每一个与教育相关的个人，都可以通过自己的言行、选择、表达、参与改变当下不完美的教育，也都可以运用自己的理性和思考改变教育，改变自己的生活，乃至改变社会。

如果这个社会有更多的人这样想，并身体力行地去做，那么教育和我们的生活就会一天天地好起来。

储朝晖
2017 年于北京

PART 1

第一辑

最不能丢的是教育良知

教育如何令人"放心"

动车追尾，会立马引起全社会的关注。然而，社会上还有一些领域，"追尾"事件并不立即产生显见的严重后果，但若处置不当，其更大、更严重的后果将在若干年后全面暴露，而这样的领域，却往往为众人所忽视。

教育就是这样的一个领域。可以作为例证的有：30多年来，各省市高考头名往往在人生与职业上表现平平；历次数、理、化、生各科国际奥林匹克竞赛金奖得主，并未成长为相应领域的前沿专家；恢复高考后进入大学的学生，已有众多人成为两院院士，而其中本科阶段在众多人追慕的清华北大上学的，仅寥寥数人。

这些表面上似乎没有多少相关性的问题，却有着相同的或相重叠的原因，就是整个社会在"心"的放置上出了问题。那些被同代人羡慕的人，一度占先而未能远行，根子在哪里呢？根子就在当初他们把心放在考进重点学校上，放在得一个国际奖上，而不是放在对真实的自然奥秘和社会问题的探索上。而这背后更深一层的原因是，社会对"心"的置放的强势驱动，使他们失去了真正的自主，形成了被动的人格，离开学校脱离老师以后，就失去了自我，最终导致他们不能长远发展。

事实上，中国教育以及众多社会方面，从幼儿园、小学到中学、大学，从政治、经济、社会到个人生活，都有一个很大的问题，就是心不知道放哪儿。房价高涨引发何处安身的问题，人们会很容易感受到；然而更为深层、更为本质的如何放"心"问题，却少有人真正意识到，但它已经成为目前教育乃至整个社会发展当中突出的实际问题，由此引发的诸多社会问题也已经频频出现。

从个人的成长和生活角度看，如何安身立命的核心在于如何放"心"。从社会遇到的一些突出问题的角度看，"心"的误放是其深层根源。减少和解决这些社会问题，不能仅仅是头疼医头、脚痛医脚。在一个长久缺乏独立思考的人群中，"心"的置放成为一件很难的事。

放"心"之所以成为难事，是有其社会背景的。社会从外部决定着对不同内构的"心"的选择，个体根据选择构建自己的内心。现在选人用人的机制就决定了具体某一个个体的"心"怎么去放：政治狂热时，会有更多人选择将"心"放到政治筐里；经济至上时，会有更多人选择将"心"放在经济篮里；功利主义盛行时，就有更多人把"心"放在功利上；分数崇拜会导致更多人有"分"无"心"；痴迷于自然奥秘的社会氛围，能使更多人放"心"于探究真理，将"求真"作为自己的理想与追求；致力于解决社会问题的社会氛围，能吸引更多人放"心"于创造理想社会。

在一个常态的社会里，崇尚是多元的，每个人依据自己的体验独立思考，依据对社会的感受自觉地放"心"，依据对社会的选择建构自己的"内心"。当社会中有一股强大的力量改变这种状态的时候，放"心"就会走向偏态，就会让一部分人被"放心"，最终必然引发巨大的社会问题。

经历了30余年的高考，已经将越来越多的人的"心"吸引到对分数的追逐上，以致越来越多的人对自然奥秘不感兴趣，对社会问题不感兴趣，对他人与社会责任不感兴趣，一心追逐的是重点小学、重点中学、重点大学，甚至造就了"北清率"。于是，大家的观念进入一种单一固定的模式，传统、保守、功利，这个思维定式限制了很多创新人才的成长，造成教育过程当中大量的人找不到自己恰当的位置，以致"丢心失魂"。

自然，个体也会根据自己已有的"心"的内构进行社会选择，尤其是那些清醒且善于独立思考的个人，当下不少学生用脚投票所进行的学校选择便是这样的例证。然而这种选择是有限的、有条件的，对于更多不具备相应条件的人来说，要么承受自己"心"的内构与社会崇尚相冲突的煎熬，忍受既有社会规则对自己切身利益的损害；要么被同化，从而成为倾翻整个社会"心"态的一员，导致更加严重的社会问题。

因而，如何解决放"心"问题，不仅仅是个人的问题，而且是整个社会体制的设计问题。多元的社会需要多样的放"心"之处，个体多样化的潜能优势是"心"的内构多样的源泉，整个社会的良好心态是由自然、自由、自主的万千"心象"组成的。

改善这种状况，就需要切实解放思想，维护每个人的独立思考权利，阻止单极化过程，杜绝任何力量强制造成千人一脑、千人一面，或强行给人戴上有色眼镜，尤其是年轻人的目标不能只限定于考重点大学，仅限定于得奥林匹克金奖，要自主地把"心"放好，要让"心"去远航。

那么，学校在学生培养上就不应仅仅进行知识训练，更应转向以人为本，涵养德性，启发悟性，增强志性，培育长远的志向，还应培养独立精神、自由思想、合作意识，也就是要"育心"。学校不能将学生屏蔽于社会问题之外，而应引导学生探究如何安身立命，如何解决各类社会问题。

如何放"心"，是比提高分数更难的事，却是一件更重要的事，只有把"心"放对了位置，接下来做其他的事才能够做得更好，我们的国家才能够更加兴旺发达，我们的未来才会更加光明。

无论是教育界，还是社会其他方面，都要明了并切记一个常识：放好了"心"才能远行。

教育应补上敬畏生命这一堂课

2013 年，河北省平山县两所幼儿园因争抢生源发生矛盾，一家幼儿园园长用注射器将毒鼠强注射到酸奶中，派人将其和拼音本等物装在一起，放到了另一所幼儿园孩子的上学路上，导致两女童误食死亡。另有复旦大学投毒杀害室友案、南京航空航天大学金城学院因口角捅死室友案等校园命案。教育领域接连发生类似事件，不能不让人震惊和痛心！

导致这些案件发生的具体原因或许是多样的，但深层根源几乎相同，就是一些人对生命缺乏敬畏感。这一判断并非臆断，我就曾亲历过两次尴尬的场景。一次是天津某商场大火后的第七天，被邀请到天津给一些公立幼儿园园长作讲座，开讲前我提议：敬重生命是做好幼儿教育工作的前提，今天正好是天津一商场火灾中那些遇难同胞的头七，让我们一起默哀一分钟。然而，应者寥寥。另一次则是在芦山地震后的次日，我在深圳参加一个有近两百名中小学校长的集会，现场还有一些中小学生，活动开始前主持人建议为地震中遇难的同胞默哀，然而，应者依然寥寥。

这两个令人心碎的场景，或多或少是一些校园惨案原因的注解，它表明当下即便是在教育行业内部，对生命失去敬畏的现象绝不是孤立的。教育领域里对生命的敬畏感的缺失，正越来越成为一个不可忽视的社会问题。

再深一步追问，这些园长或校长们为何如此？有人或归因于他们的人文素养不高，有人或归因于整个社会功利思想的影响。然而，教育领域本身的问题亦难辞其咎：现有校长、园长的产生和履行责任过程中只存在向上负责的机制，没有对学生生命和终身成长发展承担责任的有效问责机制。唯有等到发生命案，才移交司法部门处理，中间存在一个长长的责权虚空空间。所以许多学校长期实行的是考试分数高于生命的教育，从这样的学校走出来的学生，自然难以得到尊重生命、敬畏生命的教育。

早在 80 多年前，陶行知就明言：中国要到什么时候才能翻身？要等到人命贵于财富，人命贵于机器，人命贵于安乐，人命贵于名誉，人命贵于权位，人命贵于一切，只有等到那时，中国才站得起来。

没有对生命的敬畏，就谈不上任何教育。当下与教育相关的部门，再也不能仅仅是看着学生们"感谢舍友不杀之恩"而无动于衷，而是要行动起来，从建立敬重生命的底线开始，从思想理念、管理体制、教育教学等各方面入手，完善当下的教育，补上敬畏生命这一堂课。

及时兑现教师工资是政府的义务

2015 年，山东济南、安徽肥东等地先后发生教师集中讨薪事件。类似事件 2014 年也在多地发生，虽然教师一方与当地政府就是否欠薪和欠薪多少问题说法不一，但依据调查，欠薪事实确实客观存在。

自 1950 年以来，由于国家对教师生活实行了"包下来"的政策，我国教师工资待遇问题一直受到重视，却又一直未得到完全彻底的解决。应该说，60 多年来，相对于教师工作的专业性以及所内含的劳动价值，我国中小学教师的总体收入是偏低的。大多数教师以奉献精神做了大量不为人知的工作，难以以有限的薪金加以衡量。这种情况决定了中国教师通常对讨薪难以启齿，同时对欠薪的承受能力相对较弱，一遇通货膨胀、物价上涨等外部因素，就会成为矛盾触发点。

由于教师工资调整机会少，每次调整都是小幅度的微调，跟不上社会其他行业工资上涨的步子，所以在经济紧缩时期，教师职业会显得相对稳定，教师工资显出一定的优势；而在经济快速增长时期，教师工资就显得相对较低。目前中国正经历一段较长时间的经济增长和物价上涨，依据过去 60 多年的发展情况预测，未来中国即将进入一个教师工资问题多发期，各级政府对此应该有充足的认识，提前做好相关保障工作。

保障教师的工资待遇，不仅仅是钱的问题，更是应尽的责任（《教师法》《义务教育法》等相关法律法规要求政府保障义务教育阶段教师工资及时足额发放），该正常增长的就应增长，曾经给过承诺的就应该不折不扣地兑现。找借口不执行政府已经发布的政策文件，这种推诿在网络时代难以长久维持。失信于教师而引发的教师停课讨薪，也会在学生心中留下政府缺乏信誉的印象，给社会发展留下长期负面影响，或将积累成更多更大的问题。

有调查表明，总体上各地是有足够的财力保障教师工资及时足额发放的。一些地方的教师欠薪是由于财政经费使用不当，上了一些不该上的项目，导致多年多项欠账累积，以及财政经费使用上的不公开不透明。从这个角度而言，一个地方是否存在教师欠薪问题，是判断当地政府是否清正廉明、健全运行的一个外在表征。在这方面，各地人大和教育督导部门应依法履行督政职责，对教师欠薪诉求进行及时调查，督促政府及时整改，以免引发新的矛盾和事态扩大。

各地在处理教师讨薪事件时要避免简单的维稳思维——凭主观臆想把教师当成不稳定因素，采取粗暴的压制做法，制造不必要的对立。应切实保障教师表达合理诉求的渠道畅通，依法保障教师合法权益。即便是各方存在误解，也要找到误解产生的原因，通过有效沟通，倾听教师意见，消除误解。在充分调查、事实清楚的基础上依法解决相关问题，依法妥善解决教师们反映强烈的突出问题，让解决问题的过程成为建立法治政府的实践。

教师"被慈善"说明什么

　　湖南省长沙县委、县政府曾联合发布《关于认真组织开展"天天慈善一元捐"活动的通知》，要求："各级各部门要把'天天慈善一元捐'活动作为当前的一项政治任务和重要工作，要组织干部，发动群众，完成任务。"这一文件要求教师每天捐一元，并在工资中强行扣除，这一做法与现行各项法规政策是直接相抵触的。

　　首先，这些捐款的去向不明，仅仅泛泛地说捐款的目的是帮扶贫困。"慈善会在财政局开了一个专户，主要就用在慈善助学、慈善助医、慈善助居等活动上。"没有具体的捐助对象，没有明细的使用账目，使用过程没有向捐资人公开，也没有监督机制。所以完全可能导致以慈善的名义行非慈善之实。

　　其次，这一做法完全是非自愿的。这种"捐款"成了工资单上固定的一项，捐款人既不解又不自愿。在他们不完全知道所捐出的钱如何使用的情况下，不自愿不仅是可以理解的，也是他们对自身权利的正当维护。

　　更为恶劣的是，这项自2004年就开展的"天天慈善一元捐"活动，原本一年是365元，2010年又提高到了400元，并且长沙县所有的中小学都这样收取。不但未经任何程序涨了捐款额，还变成了强制。这就严重违背了慈善事业的基本精神和原则，暴露了强捐者本身所做的已经完全不是慈善事业了。

　　这件事之所以值得关注，是因为这不是一两个孤立的案例。江苏泰州市海陵区教师，在补发增补工资中每人被"捐"出两个月工资计4000元左右；淮安市淮阴区教职员工，被要求每人至少捐款500元支持"爱心淮阴"的活动；河北等地教师入职先要"捐资助学"，交钱之后方能入编。

而各地的调查表明，教师基本权益受到各种侵害的例子目前依然很多。令人愕然的是，侵害教师权益的主体中，大多有当地政府部门的身影闪现。发生强捐的"三湘第一县"长沙县经济发展较快，但教师的工资却未按国家规定及时足额地发到位。

全国尚有不少地方，以当地财政困难为由，未能依照国家规定的教师工资标准给教师及时足额发放工资。克扣的方式多种多样：有些不让教育部或省级文件与一线教师直接见面；有些是以编制不足的名义，不给在岗任教的教师入编，从而低工资聘用；有些评上职称的老师，被"高职低聘"拿较低的工资；有些地方瞄准教师入编难，动辄收数万乃至十几万的"入职捐"，让本就收入不高的教师难上加难；有些地方政府以直接在工资中扣除的方式强行向教师借款；有些则以各种名义强行向教师募捐……五花八门，将教师的工资当作唐僧肉，将教师作为索取的对象。

爱心捐助，济贫扶困，本是社会理当倡导的善举，是构建现代文明、和谐社会之需要。然而，一旦一些行政机构借助手中的权力，要求下属职工"被自愿"地捐款，就让献爱心的本身变了味。

如以扶弱济贫的观点看，在强捐过程中，明显存在相对强势和相对弱势。"被捐款"者相对弱势，不但得不到相应的保护，他们本应拥有的基本权益反而受到剥夺，因此从本质上看，这个过程不是一个公平和慈善的过程，而是一个违反公平与慈善的过程。长沙县2010年"天天慈善一元捐"活动捐款到账312万元，其中201万元来自乡镇，这表明，他们从在乡村从业的弱势人群手中强占了资源，这样的"慈善"从源头上就不慈善。

作为行政主管部门，以"爱心行动"为借口弄出的"政府慈善基金"，外表看起来很光鲜，实质上都是为了少数人的面子光亮，而违背大多数人自主意愿的强捐行为，这本身是超出其行政职能范围的；若以"入编费""上岗费"为名收取教师的钱款，则属于滥用职权的行政权力异化和权力寻租行为，这种行为本身又对那些有教师资质却交不起钱的人构成侵权。这种行为的后果是，通过这种方式录用的教师质量难以保障，即便从了业也是带着心灵伤害工作。这种伤害将会无意识地传播给他所接触的同事和学生，最终伤害的是一代又一代人的心灵。

长期以来，我们过于强调师德，而忽视对教师正当权益的维护。长沙县慈善会会长说："你们老师按道理觉悟是最高的，思想境界也是最高的，也是扶贫帮困的先锋，走在前面，不在乎这三四百块钱吧。"

不少老师面对这种"被捐款"行为，确实一声不响地忍受着。

这种强捐还显示出公权对私权习惯性的傲慢。即便是私权有理，在明显使用不当的公权面前也难以理直气壮地说"不"，于是给了居心叵测的人利用公权实现一己意愿的可乘之机。只要世间发生了什么，他们总会灵敏地用手中的权力发起捐款，以众人的"被自愿"堆砌其"大爱"形象。

显然，这种"被自愿"的行为与"乱摊派、乱收费"无本质区别，是打着慈善的旗号进行拙劣的"爱心表演"，当然更是对公民爱心奉献的一种公开亵渎，也是对公民合法权益的强行切割与侵害。

所有这些做法，受影响最大的是底层的一线教师。一线教师基本权益得不到有效维护的后果是极为严重的。它的直接效应是降低了教师的社会地位，使得优秀的人才不愿做教师，大多数人希望自己的孩子受到良好教育的需求不能得到满足；进而影响到底层社会民众公平地享受教育，动摇教育公平和社会公平的基础。

让慈善回归纯洁自主，让权力运行公开透明，这本身就是教育必不可少的内容。

简政是师生减负的前提

教育部多次明确要求，小学低年级不举行任何形式的统一考试，禁止公布小学生成绩和排名。但在一些地方，歪风邪气一直没能得到有效遏制，有很多媒体做过这类报道。我了解到，在江苏某地，有教师反映当地个别小学的一年级学生每学期要考试排名五六次，其中有学校抽考、教育局抽考、月考、期中考试、期末考试等。当地教育主管部门依据考试结果给学校排名，学校给班级和老师排名。有老师说，如此一番折腾，一年级的小孩就被"考疲"了。结合媒体的报道以及我在各地调查走访中的发现，类似的情况不在少数，在一些地方甚至是具有普遍性的问题。

从上述事例可以看出中小学教师和学生负担重背后的作用力与作用机制。依据学习生成理论，即便从考试的发起者所期待的提高考试分数的角度考虑，这种做法本身也难以实现目的。通俗地说，学习成绩的提高有赖于经历相应的学习过程，当考试排名的频次过高，就必然干扰或中断学生对某个相对系统的知识单元的完整学习过程；考试排名的频次过高，还需要占用师生更多的原本可以用于教学的时间和精力，在一个相对长的时期内看，就会减慢教学进度，从长远看也就迫使师生减少教学内容，从而在长时间的竞争中落败。

更为严重的问题是，这种过于频繁的考试排名会严重摧毁学生的学习兴趣和自信心。由于考试过于频繁，就必然有较多的简单重复，就必然要把原本完整的知识单元掰碎，从而严重损伤儿童学习过程的自然性和趣味性，导致学生的好奇心受损甚至消失，厌学情绪增长，为后续的长远学习增添了障碍。过度的排名，必然造成大多数排名不在前列的学生逐渐丧失学习的信心，又因为任何一位学生不大可能在连续不断的考试排名中始终保持在前列，所以这种方式对学生学习自信心的打击将是全面的。不少学校因此出现了一批放弃学习的学生，有的甚至连义务教育的基本要求都难以完成。即便有个别"常考常胜"的学生，最后也可能被后续学习中的某一次考试击败，这样的事例并不鲜见。

在一个微观的班级环境里，放弃学习的人增加了，班级里的学习氛围就会恶化，最终必然影响到那些当初考试分数比较高的学生，由此引发的班级学习生态恶化问题，并不是在短期内能够轻易解决的。这些问题可能还会由一个、几个班级扩展到整个学校，产生越来越多不想学习、拒绝学习的学生，他们会远离教师，内心孤僻，对学校失去归属感。贵州毕节曾经发生的几个学生宁可流浪住垃圾桶也不愿上学的事件，就是典型案例。由此造成的结果就不是简单的学生成绩不好的问题，而是为社会制造了"危险品"。

教学本身当然需要评价伴随，但频次适度的评价才有利于改善学生的学习过程。考试仅是教育教学评价的一种，它的频次也要适中，从实践经验看，每学期一次期末考试、一次期中考试足矣。对于排名而言，更不宜频繁，每个学期最多搞一次即可。多则必滥，造成对师生过度且不必要的干扰。

现实中，为何考试和排名的频次在中小学多起来了呢？我以为，一个重要原因是学校的"婆婆"太多，大家都想对学校发挥影响，将学校的考试成绩列入自己的政绩清单。在若干所中学开展的调查结果显示，有的学校一年接到的各个部门的文件总计400余份，其中一些部门绕开监管，以便函的形式给学校发文，而某些便函的效力甚至高于正式的文件。学校因此不堪重负。

由此可见，各行政部门以行政方式管理学校，把学校当作自己的下级，于是政出多门，"上面千条线，落地一根针"，这是造成基层学校师生负担过重的体制性原因。实现学校自主管理，政府主管部门不再用接连不断的文件对学校进行管理，而是简政放权，并积极创造条件转向依法治校，学校依章办学，才有可能从体制层面解决师生负担过重的问题。

明智的教育行政管理者必须采取有效措施，切实把过多的考试排名减下来，全面评价教育品质，不能再让多头管理、急功近利继续给师生施加太多负担了。

破解择校热，应打破利益共同体

　　长期以来，小升初择校成为北京等全国大中城市的老大难问题。深入分析后不难发现，现有义务教育资源的不均衡和不同人群对学校选择权利的不平等是这一问题持久未解的根源。

　　择校大体可以分为三类：一是以优择校，学校想选择学习成绩最优秀的学生，于是各种"升学班"屡禁不止；二是以权择校，有一定权力的人利用或借助他人权力达到择校目的；三是以钱择校，有一定经济实力的人用钱买名额。由此产生了办班、"条子生"、"择校费"三大利益链。

　　然而，小升初属于义务教育阶段的学校选择，依据义务教育的属性，人人都有平等享受的权利，解决小升初择校热实质上就是要斩断这三条利益链。

　　择校问题出现后，各地也采取了一些解决措施，但没有抓到关键点，在一些地方问题反而有所加剧。原因在于相关权力部门的掌控者与优质学校在一定程度上站到了利益的同一边，普通民众与相对薄弱学校则站在利益的另一边，这种利益格局导致一些所谓的"名校"对政府的公开政策充耳不闻。不打破这一利益格局，任何均衡义务教育的具体措施都只能是隔靴搔痒。

　　那么择校问题是否就无解呢？并非如此。

　　义务教育应是政府向公众提供的公益产品，各级政府首先要坚定每一个人都能平等享受义务教育资源的目标和理念，同时要有可操作、可监控的机制和规程。这个机制其实并不复杂。上世纪六七十年代农村生产队分少量稻谷蔬菜时就有一个很好的做法：由某一个人将所分物品依照户数分成若干堆，然后让那些老弱户先选取，一般户后取，分堆的人最后取，这个过程在各户的监督下进行，大家都感到很公平。2007年度诺贝尔经济学奖得主马斯金将这一做法总结为"分蛋糕"的理论。

解决义务教育择校问题的基本原理就是运用好上述"分蛋糕"的理论，让无权无钱的普通民众子女最先选择，让义务教育的直接提供和决策者的子女最后选择，并严格按这一原则制定出各地可操作、可监控的规程，在公开透明的状态下完成这一过程，这才是从根本上有效促进义务教育均衡的关键。

遵循这一原则，义务教育的区域环境将会得到持续改善，毕竟，没有哪个决策者希望自己的孩子进到最差的学校，他们必然努力改善差校，尽快实现校际均衡；遵守这一原则，才能拆分优质学校与权力掌控者的利益共同体，才有可能使由于权力的倾斜导致的"择校"问题得到根本性的矫正，政府也才有可能在教育方面重建自身的信誉，恢复自己的执行力。

"替考事件"暴露惩治乏力法治缺位

国务院和教育部多年来三令五申强调严肃考纪，并在考场硬件技术设施上投入巨资。近些年各地在防治替考上并非无所作为，但个别地方在管理上依然存在诸多漏洞，说明一些地方行政部门和相关机构所做的工作，仅是掐掉了替考的"苗"，却没能斩草除根。纵观近几年的高考替考事件，虽然相关部门反应比较迅速，但在处理问题时，往往把重点放在抓获并惩罚替考者上，却未能深挖背后的组织、策划者，以及与之勾结的各个关键环节的放行人；或者把重点放在技术环节，而在相关的管理制度上依然没有进行完善，结果导致打击替考年年有成绩，却未能将其根除。

替考的根子何在？其源头当然是想寻求他人替考的考生，抑或他们的家长。他们不惜代价，通过各种渠道寻找替考者。很显然，为了自身利益，为了能够让自己或子女迈入理想学校的大门，他们不择手段，早已把个人诚信抛诸脑后。而这种现象多年未曾断绝，一定程度上也说明，整个社会的诚信意识存在缺失，有效的诚信体系亟待建立。

替考之风之所以猖獗，根子在那些以组织替考牟利的策划者、实施者，历年来的多起案例表明，这些人确实隐蔽存在着，正是他们采取各种手段打通了各个环节，充当"上线"，为替考者提供具有本人照片的"身份证""准考证"等，暗中为他们安排行程、住宿以及其他细节，并且负责打通与考试相关的各个部门的通道。可以说，这些策划、组织者是一系列替考事件的幕后黑手。然而，近年来曝光的替考案中，这些幕后操纵者往往逍遥法外，并未被挖出来得到惩治。如果不对这类人进行严厉打击，高考替考问题的根子就很难挖干净。

在现有的考试招生管理体系下，替考者必然要通过政府相关部门的管理、审核环节才能完成替考行为，对于有组织地替考，办理学籍、身份证、准考证等，替考"上线"即组织者不可能单独完成，如果不找出教育考试系统中那些与替考者合作的人，即便增加了识别、验证设备，也无法彻底防治高考替考。如果教育系统中的相关当事人不是主动合作，恐怕也是暗中配合，至少是工作失职，然而多年来，这个问题一直没有得到有效治理。若不能严肃追查"内鬼"，深挖替考背后的利益链，就会继续给替考者留下可乘之机。扫清这条灰色通道，让它暴露在阳光下是当务之急。

要解决上述问题，单靠一两个部门很难实现，需要相关部门独立履行各自的监督责任。若真要清理替考现象，就要顺着上述几条线，对曾经找人替考或者曾为他人替考者进行一次系统清查，即便他们已经进入大学就读甚至走上工作岗位，依然要追究他们的责任，如果查出有公职人员牵涉其中，更要诉诸党纪国法。唯有如此，才有可能彻底打消一些人的侥幸心理。在我看来，即便不能全部查清，查处几例也能起到震慑作用。

现有的考试招生体制是镶嵌于行政体制之内的，是与行政体系合为一体的，而非一个专业的学业测评体系，其基本特点是并不专业，与地方行政权力交叉融合，导致考试招生的各个环节缺乏主动性和裁决能力。于是对于替考这类问题的监督属于同体监督，自己监督自己，这为一些投机者提供了可乘之机。

在我看来，治理替考乱象，从体制上还需要尽快实现依法治教，颁布考试法，通过法律赋予考试机构相对独立、专业的权力。对于高考替考及其他违规违法行为作出明确界定，对违法行为明确可操作的处罚，从制度设计层面提出明确要求，并建立明确的责任制，从而建立以诚实守信为荣的法律和制度基础。

消除教育腐败应依法治教

教育是立国之本。2014 年"两会",教育领域腐败尤其是高校腐败的问题再次成为人们关注的热点。全国人大代表、哈尔滨工业大学校长王树国和全国政协委员、复旦大学教授葛剑雄等多人对此发表意见,认为针对大学的腐败现象,须创造出不易腐败的土壤。

在 2014 年"两会"召开前夕的 2 月 27 日,袁贵仁向全国教育系统表示,绝不允许不正之风滋生蔓延,绝不允许有腐败分子藏身之地。为此,教育部将加强反腐倡廉建设列为年度工作要点,提出了完善惩治和预防腐败体系的多项具体措施。

2013 年,考试招生、科研课题、基建、后勤服务、职称评定、乱收费等教育领域的一桩桩贪腐案例浮出水面。可以断定,被揭露出来的仅仅是教育腐败的冰山一角。然而,现实中还有不少人对这种现象熟视无睹,其托词是社会上比教育更腐败的还多着呢。确实,相对于经济领域的腐败,教育领域在腐败程度方面或许显得"清水衙门"一点。但是不要忘记,在一个个心地纯洁的稚童面前,小贪就会成为一个人终身难以解除的心结,会导致一个人人生价值取向的偏移。试想,当一个学生从学校毕业后一转身发现自己的老师和校长贪腐,他得到的将会是一种什么教育?

正因为此,教育系统的腐败不同于社会其他行业的腐败。教育若不能成为社会最后一块净土,就会成为社会腐败堕落的源头,它所造成的社会损伤远非经济账所能算得清楚。它对人才成长和发展造成的恶劣影响将会延续数十年、几代人。所以亟待下决心斩草除根。

消除教育腐败的治本之策是加快依法治校和依法行政,加速去行政化的步伐，建立现代学校制度，走上依法治教之路。要从根本上消除过度行政化，将学术权交由真正通过规范专业程序组建的学术委员会，改变行政权力不受监督的现状，使教育系统内部权力运行更加公开透明，不存在不受监督的权力。

而在微观上，首先，对已经发现的腐败案例，要坚决实行"老虎""苍蝇"一起打，增强公众的反腐信心。其次，加强对教育工作者的道德教育、法律教育，守住底线。要从小处严辨义利，杜绝"苍蝇"式腐败，防范集体腐败。再者，要正确处理腐败与其相关方面的复杂关系：切实提高教师尤其是农村教师待遇；规范校办企业的薪酬分配；完善课题经费分配和管理制度，提高对基础研究者的劳动价值的支出和奖励。

陶行知当年办学时，在自己上衣两个口袋里，一个放公款，一个放私款，他称那些公款私款混在一起的现象为"混账"。教育是一项被赋予特殊使命的工作，无论社会上发生什么，教育工作者都必须清醒地意识到：教育必须是干干净净的，否则就是反教育。须以此为准则，自觉接受全社会的监督，还教育一片洁净天地。

"红牌专业"产生的内在机理值得警惕

　　由麦可思研究院撰写、社会科学文献出版社正式出版的 2010 年就业蓝皮书《2010 年中国大学生就业报告》新增了失业与预警的内容。8 个本科专业、7 个高职专业连续三届失业人数最多，因而被冠以"红牌专业"之名。从 2007—2009 三届的半年后就业率来看，三年就业率平均下降最快的本科专业大类是历史学，高职高专专业大类是水利。毕业半年后失业人数最多的 10 个本科专业失业人数为 10.38 万人，占了本科失业总人数的 33.3%，其中有 8 个专业是 2007—2009 连续三届失业人数最多的专业：法学、计算机科学与技术、英语、国际经济与贸易、工商管理、汉语言文学、电子信息工程、会计学。毕业半年后失业人数最多的 10 个高职高专专业失业人数为 12.50 万人，占了高职高专失业总人数的 30.2%，其中有 7 个专业是 2007—2009 连续三届失业人数最多的专业：计算机应用技术、机电一体化技术、电子商务、会计电算化、物流管理、计算机网络技术、商务英语。

　　连续三年调查结果的一致性足以给人们提个醒，这些所谓的"红牌专业"大多是前几年比较热门的专业，以致过多的人报考，过多的学校在不具备基本条件的情况下新开这类专业，因此不少学校的这类专业本身就存在先天不足，教学质量不高，从而导致了就业的困难。

　　导致这种局面的直接原因是高校和学生双方的盲目行为：简单凑热闹而缺乏深入的调查、理性的思考、平常心态的挑选。

　　从学生方面来说，比较科学的专业选择事实上应当从幼儿玩游戏的时候就开始，在玩的过程中通过各种活动逐渐意识到自己的潜能所在，然后通过学校内外的实践活动逐渐明晰，确立自己的志向，再在各自潜能和志向的基础上选择自己的专业。然而大多数学生在应试环境下缺少这样的成长发展过程。从学校方面来说，应根据自身的师资、条件和学科优势以及社会需求确定自己的专业发展方向。而事实上，近些年不少学校没有任何依据地跟风开设自己的专业，这些专业与那些有良好基础学校的同样专业相比没有任何竞争优势，也不能为学生提供真实有效的成长与就业服务。这就是"红牌专业"产生的内在机理。

事实上，经过千百万年的进化，人类个体潜能的多样性与社会需求的多样性之间是相一致的，也就是俗话说的"天生我材必有用"。每个人将自己的真实潜能充分发挥出来都是天才，由于你在这方面与别人相比有先天的优势，就不必担心就业问题；即便是被列入"红牌专业"，也要看这所学校的这个专业在全国的位次，位次靠前的学校毕业生依然能找到合意的工作。因此，简单地看"红牌"就将走向另一个极端。

简言之，消除"红牌专业"，需要学校和学生、家长都具有各自的慧眼，看准自己的潜能、志向和社会需求，不为浮云遮望眼。

逃回"北上广"

正值一年一度的大学生就业入职之际，一度曾因过高的房价、户口等因素逃离"北上广"（北京、上海、广州）的往届毕业生，却有一些人又悄悄"逃回北上广"，给那些即将就业或今后要就业的大学生一个信号：这些年轻人经过一两年的体验，最终还是认为，在"北上广"再艰难，也比在其他二三线城市好。

这就产生了一个问题。多年来，各级政府在大学生就业方面所重点推进的基层就业工程（农村特岗教师计划、大学生村官工程、大学生入伍）依然存在局限，仅仅做这些与就业相关的直接、浅层的工作远远不够，深入到对社会的改进之中，才能创造出更加充分、公正、公平的就业和发展机会。

曾有一位立志改变农村教育的青年大学生，上大学期间就在农村做过志愿者，对农村有比较充分的了解，毕业后也到了农村一所学校去当教师。但两年后，他的看法完全改变，他的"美梦"在现实中破碎，因为他不只是感受到了农村的艰苦，而且发现，在现有的农村学校管理与评价方式体系下，他就是累死也无法实现他大学时的想法，他的才干很难在现有管理模式下的乡村学校发挥出来。于是他无奈地选择离开，回到城里谋生。

这个例子与很多人逃离二三线城市回到"北上广"，有基本相同的深层原因。而这样的事情，事实上也不是近一两年内才有。然而一旦这种看法成为大家共同的潜意识，它将构成新的社会问题。

造成这一社会问题的根子，在于官本位的社会权力结构，它直接导致民众的权力被削弱，导致本该属于基层的权力上收，导致各用人单位的外行管理，导致能力和事业发展成为就业中次而又次的因素，找份工作不请客送礼就根本找不着门。于是有了就业中的"拼爹"现象，有了招聘中的种种预设条件的定向招聘，办个企业天天有人来揩油水，办个小事都要送礼托关系走后门。

官本位的权力结构，构筑起一个个地方、单位、行业或其他组织的封闭小集团，这种由权力结成的层层叠叠的关系网，让人必须拿出生命的很大一部分耗费在人际关系上，难以获得相对独立自由的生存和发展空间。他们不只对外是封闭的，而且对能力是封闭的，对创新是封闭的，因而就不可能有求贤若渴的需求，只求维护内部寻租的通道；不可能有公正、公平意识，只会听指令安排接收；不会考虑人才培养、管理、发挥作用等长远计划，只求挖坑埋下眼前的萝卜；政府、事业单位高高居上，能吸纳大量大学毕业生就业的服务业，难以发展起来。

一个官本位的单位如此，众多官本位的单位也都如此，它的整体效应就是每年不断地解决就业、不断地有高就业率，同时却有很多人难以安心乐业：一次就业的质量越来越差，基层岗位就业本身的吸引力越来越低；二次就业的比率越来越高，就业成本也就会越来越高，高过一定比率，就会引发社会问题。

官本位的社会结构，保护了体制内极少数人的利益，却与大多数人的人性直接冲突。对自由、独立、尊严等价值的追求是人类的天性，每个自主自觉的人，都倾向于选择在能更好实现自由和人生价值的地方生活，这便是大城市的魅力所在。与其在二三线城市的"关系酱缸"中厮混一生，还不如逃回一线城市自食其力，创造和实现自我。于是逃离又逃回，恰是向着人的自由与天性的回归。

看清了这个事实与全过程，从"许多人定要走过弯路才清醒"的就业当事人的角度看，政府鼓励到基层就业，仅仅是为了延缓部分大学毕业生的城市就业时间，让一些人走上就业的弯路或反复之路。于是，越来越多的学生坚定地、不择手段地留在大城市，认定大城市才是他们就业的最终归属。

严格来说，这些问题已不仅仅是大学生就业的问题；但是，如不解决这些社会问题，就必然引发大学生就业问题的持久与恶化，导致新的社会问题。因而，唯有解决了这些社会问题，才能真正解决不断积累的就业问题，避免它演化为新的社会问题。

简言之，就是要在二三线城市创设一个更加公正、透明、公平的社会，逐渐消除官本位的社会，建设平民本位的社会，逐渐让市场发挥比市长权力更大的作用，逐渐扩大人的聪明才智自由发展和发挥的空间，这才是更大程度、更有效彻底地解决大学生就业问题的根本途径。

有人可能会觉得，这是一个太过复杂的问题，实在是太难了。但再难也可从简单的地方做起，比如在招聘工作中制定几条关键的规则：所有用人单位招聘的程序都需公开透明，未经公开透明程序不得录用人员；聘用人员以职业能力与岗位实际需要相符为第一选择标准；明确就业招聘的回避规则，父母或有直系亲属在某一行业或部门工作的，子女不得在本地区的本行业和本部门找工作。以上规则先从政府部门、事业单位、国有企业开始做起。

再比如，在管理上更加人性化，将学校、企业等基层用人单位的"一长制权限"作些规范，让越来越多的权力暴露在阳光之下运行；让更多人在工作岗位上能够更好地发挥创造才能，更加通畅地发表意见，建立更加民主的人际关系；让更多人能够体验到创业的冲动和激情，能有相对公平的竞争环境、相对独立和自由的上升空间；让这个社会中平民子弟的前景更加光明灿烂。

地震后的三点建议

因为长期在学校里跑，从幼儿园到大学，和师生们打交道多了，感情自然深了，更深知教师和学生是当今社会生态中的弱势人群。这次地震（指汶川地震）一下子让那么多教师和学生丧失生命，着实让我十余日饮泪无语！

我不能不想起2008年年初在一次会议上的讲话，希望引起大家对教育问题的关注，然而尽管一些媒体将我的话发表出来了，却并没有太多的人真正关注。现将当时的讲话引录如下：

"两会"马上要开了，关于目前的教育，我讲三个"不等于"。

第一，投入不等于收益。要让收益与投入能够相当，在这方面我们要做很多工作。包括大家刚才讲的农村的空校、经费的使用等问题，我都不展开讲了。

第二，不出事儿不等于没问题。现在对各地的要求是不出事儿，很多学校为了达到不出事儿的目的就采取了很多措施。比如欠债问题，因为怕出事儿，因为逻辑上的颠倒，造成了一系列的问题。

第三，工作业绩不等于学生的成长和发展。各个地方教育上摆出来的工作业绩都很多，我们不能否定这些业绩，业绩是存在的，有些可能存在一些夸大，有些是实际存在的。教育是什么？教育归根结底要学生能够成长、发展。我们的很多业绩可能和学生的成长发展相关性太小。如果办教育不把学生的成长发展放在一个核心地位，放在关键地位，我们办的就不是教育。

很多学校是建起来了，但是跟学生的成长发展有多大关系呢？总结工作经验，有很多，如投入上怎么样，发表文章怎么样，可有考虑过学生成长发展到底怎么样？这个问题希望引起媒体和大家的关注。

我很痛心一些人对教育上存在成堆的问题的忽视，更痛心自己花费20余年调研说出的心里话未能对避免地震灾区的生命灾难产生丝毫作用！

灾难已经发生了，但全国各地学校存在的问题依然存在，从防患于未然角度考虑，我提出自己的三点建议：

一是选派专业人士对全国的校园进行全面的安全检查，检查结果向社会公布。

二是依据我的长期调研，从安全和有效教学方面考虑，学校大小有个最佳规模——幼儿园为3～4个平行班，小学为5～6个平行班，中学为7～8个平行班。应对一些地方为贪大求利而建的超过上述规模的巨型学校限期分拆整改。

三是切实从制度层面考虑建立以学生成长发展为本的教育制度，以保障整个民族未来发展的生命活力。

学生是中华民族的太阳，总得有人去保护太阳！

救灾是一种社会重建

汉川地震之后，因为有人提出中国陶行知研究会应组织人去做灾后的心理干预工作，我提出向社会募集资金援建灾区的学校。为了将这些学校办好，我主张援建的学校以当地的地名加"行知"二字命名，要将新的教育教学和管理理念运用于学校建设，中国陶行知研究会长期对它们的教学进行指导、评估。

因为要做这些工作，我又将自己当年参与编辑，看过多遍的《陶行知全集》12卷拿出来再次翻阅，感到其中一些精辟论述似乎就是针对这次灾难而言，故摘录数段并解读如下。

陶行知在《生存圈边》一文中说："人类的社会好比是一个圆圈。这圆圈我称它为生存圈。有些人是安安稳稳的住在圆圈的中心，叫做生存圈心的人；其余的是人山人海的拥挤在圆圈的边沿，叫做生存圈边的人。……在那生存圈心过舒服生活的人们，已否感觉到这人间的不平？"[1]相关的统计数据说明，这一状况在近20年内变得极为突出，客观上已造成社会的分裂，一遇灾难便暴露出深刻的矛盾，这是一个比地震本身造成的灾难更为难以解决的问题。

要解决这一问题该如何办呢？陶行知当年给出了他的回答："国难当头，不把绝大多数的主人翁请出来亲自解决，何能打破这个难关？……近年来的政治就坏在这个'代'字：始而代老百姓说话，继而代老百姓吃饭，终而代

---

[1] 陶行知. 生存圈边 [M]// 陶行知全集：第2卷. 成都：四川教育出版社，1991：180-181.

老百姓当国；弄得老百姓始而有话无处说，继而有饭无法吃，终而有国无力保。……中国有国外之难，有国内之难。国外之难要集中发挥四万万民众的力量才能打得出去，国内之难要把四万万的民众请出来做主人翁，才能消弭公仆间小权私利之争。我们要同时解决这国内之难与国外之难，非把四万万民众拥护起来不为功。……我们应该用全副的精神力量对着那'天下为公'的实质上去追求。"①

在这样的一个社会里，救灾就不应是少数人包办的事。1924年，各省发生水灾，当时采取赈灾附加捐的方式收了一大宗收入，陶行知说："我们希望除了急赈之外，要以工代赈，拿这笔钱来帮助灾民自立。我们还希望办理赈灾的人和收款的人要涓滴归公，不要趁'水'打劫。国民的眼睛都要一齐打开，尽他们监察的责任。"②

为此，救灾就不应只是自然和物质条件的恢复问题，而是社会的重建，人与人的关系重建，这种重建体现在教育上，主要有以下几点：

一是真正准确定位教育。陶行知1938年10月4日在战时儿童保育院说："不要把保育难童的工作认为是慈善事业，应认为是保育中国的幼年主人……特别要注意天才儿童，使之能获得自由发展。"③重视教育的话已经说得太多了，这次地震的严酷事实可以说检验了有多少人将它当真，有多少人将它当成伪装。

二是准确定位儿童在教育中的位置。儿童无疑是教育的中心，而这一观念被批判、抛弃、忽视，导致大量学校办的不是教育，实际上成为禁锢孩子、毁损孩子、扼杀孩子的过程，正如陶行知在《贺国际难童学校成立》中所言："过了一天又一天。心中好比滚油煎！难童学校从怀孕，八个半月见青天。人间最贵是生命，别人生命不值钱。第二生命是学问，别人学问轻如棉。一误再误到现在，细想都因人心偏。但是人有金刚志，百折不回

---

① 陶行知.国难会议与名人会议[M]//陶行知全集：第2卷.成都：四川教育出版社，1991：220-221.

② 陶行知.赈灾附加捐[M]//陶行知全集：第1卷.成都：四川教育出版社，1991：650.

③ 陶行知.保育难童的工作非常重要[M]//陶行知全集：第4卷.成都：四川教育出版社，1991：229.

利而坚。如今胜利宜属谁？儿童幸福应在先。幸福要靠自己造，手脑双挥万万年。"①

三是准确定性教育。教育是什么？很多人已经习惯将教育理解为狭义的学校教育，陶行知认为："教育是解决问题的，所以不能解决问题的，不是真教育。……我们要对付国难，就须以教育为手段，使我们的力量起了变化，把不能对付国难的力量，变成能对付国难的力量，这样才能达到目的。……我们从此要改造教育，使教育普及于大众；使受教育者都能实践力行，从行动上去求得真知识；并使大众组织起来，自动去做他们的事；而仅用脑的知识分子，要使他们变成兼用手的工人，仅用手的工人、农人等都变成兼用脑的知识分子。这才能把少数人的力，变成多数人的力；空谈的力，变成行动的力；散漫的力，变成有组织的力；被动的力，变成自动的力；仅用脑和仅用手的力，变成脑手并用的力。于是我们就可以造成极伟大的民族力量，来解除一切国难。"②

简言之，这次救灾中必须明确灾民才是真正的主体，所有人、所有机构都不应越俎代庖，都必须为他们服务，帮助他们自立，让他们自主地选择一个他们认为幸福的发展和生活方式。

---

① 陶行知.贺国际难童学校成立 [M]// 陶行知全集：第 7 卷 . 成都：四川教育出版社，1991：1106.国际难童学校为 1945 年创办的培才学校。
② 陶行知 . 国难与教育 [M]// 陶行知全集：第 3 卷 . 成都：四川教育出版社，1991：501-502.

免费教育和义务教育不能混为一谈

把高中或幼儿园纳入义务教育，这一要求在几年前国家教育规划纲要征求意见的时候就有人提出过，然后在各种不同场合有过多次辩论。2016年"两会"，依然有不少代表委员关注这一话题，说明还有进一步讨论的必要。

为此，必须首先说清楚什么是义务教育。义务教育是根据《宪法》规定，适龄儿童和青少年都必须接受，国家、社会、家庭必须予以保证的国民教育。其实质是国家依照法律的规定对适龄儿童和青少年实施的一定年限的强迫教育的制度。义务教育又称强迫教育和免费义务教育，具有强制性、公益性、规范性的基本特点。规范性要求在全国范围内实行统一的义务教育，包括要制定统一的义务教育阶段教科书设置标准、教学标准、经费标准、建设标准、学生公用经费标准等，并以法律的形式确定下来。

现在不少学者提出将幼儿教育或高中教育纳入义务教育，很多是从这个学段的教育缺少经费的角度提出来的，认为纳入义务教育就会有更多的或更有效的经费保障；或者认为既然现在政府财政有保障，就应该用于延长义务教育的年限。

岂不知这种想法只顾及义务教育的一个特性，而忽视了它的强制性和规范性。强制性与规范性是不能任意延长的，延长了可能就会违背人的天性，不利于人的成长发展。对于3至6岁的幼儿而言，主要的活动是游戏，不适合用规范和强迫，不可能制定出统一的标准。到了高中阶段，经历过叛逆期的孩子，各种优势潜能的差异发展已经呈现出来了，实行统一的课程或强迫教育事实上也不可行。在教学实践中，初中二年级后辍学率、厌学率的上升就是某种实证依据。那些辍学的孩子学校"关"不住，家长也管不住，唯有学校进行适合其天性的多样化教学，让他们找到归属感，才是对他进行了有效的教育。

其实，那种认为只有把义务教育往上扩大到高中，往下提前到学前教育阶段才能明显提高人的受教育年限的想法，可以理解但值得商榷。在我看来，义务教育年限延长甚至是违背人的成长和发展规律的。正因为此，日本曾经延长义务教育年限若干年后又不得不缩短义务教育年限。美国各州的义务教育年限不同，也以9年为最普遍，全世界范围内也是以9年义务教育为主流。这绝不是偶然，而是由于人的成长发展的阶段性以及自主与规范、标准之间的限定性，决定着义务教育不能想当然地延长。

至于有些地方政府说幼儿教育、高中教育的经费投入不足，这完全可以通过政策调节增加投入，完全可以实行免费，但免费教育不等于义务教育，普及教育也不等于义务教育。事实上，正如高等教育的经费投入并非由于《高等教育法》，高中阶段的经费投入也不必指望把高中纳入义务教育。即便政府要普及高中和幼儿教育，也并没有必要把高中和幼儿教育纳入义务教育。

在我看来，是否纳入义务教育，需要考虑的第一个因素是，是否更利于学生的成长发展，是否符合儿童的天性。然后才是考虑到经费、社会需要等其他因素。一些地方高中的债务负担沉重，恰恰是此前过于急功近利提高高考升学率的后遗症，如果再盲目延长义务教育的年限，或是将12年义务教育政策的成绩作为地方政府的重要考核指标，则背离了教育的宗旨和规律。

简而言之，各地可根据自身的条件和民众需求，适当实施幼儿、高中的免费和普及教育，但不能匆忙纳入义务教育，不能用一个标准强迫实施，而是要留给家长、幼儿园、高中学校，尤其是学生多样化自主选择的空间。即便是普及和免费，各地也要量力而行，不具备条件，没有解决好当地农村教育和教育均衡问题的地区，就不能在政绩的驱动下匆忙上阵。

让法治阳光普照校园

经十八届四中全会特别强调后，依法治国，建设法治社会越来越成为全社会的共识。然而，长期以来，中国的法治教育并未得到足够重视，与社会对法治的需求相比相对滞后，尤其是未能真正进入课堂教学主渠道，缺乏教材。人民教育出版社组织编写出版的"中小学社会主义法治教育"丛书试图推进中小学法治教育建设，是一项有积极意义的探索。

中国法治教育进课堂已有一百余年，商务印书馆出版的"共和国教科书"中就有《公民须知》一册，可谓中国法治教育进课堂、进教材的肇始；后来由于诸多历史原因未能延续下来，导致中国法治教育长期未能深入有效实行。

当下，校园内外的法治问题还比较突出。校园侵害案件以及学生犯罪时有发生，不少学生受社会恶习的影响，遇事用拳头说话、意气用事的现象严重破坏了学校正常的学习、教学秩序。解决这些问题，一方面要对侵害校园的犯罪行为进行严厉打击；另一方面，也要加强校园治安环境整治，提高学生的法治意识和自我防卫能力。

需要注意的是，不少人对法治教育的认识还比较肤浅，一般人理解建立法治社会就是建立一个公民守法的社会，只需向公民灌输法律知识，让公民遵守法律条文即可。但事实上，这只是法治社会的必要条件，非充分条件。

众所周知，法律的权威源自人民的内心拥护和真诚信仰。人民权益要靠法律保障，法律权威要靠人民维护。必须弘扬社会主义法治精神，建设社会主义法治文化，增强全社会厉行法治的积极性和主动性，形成守法光荣、违法可耻的社会氛围，使全体人民都成为社会主义法治的忠实崇尚者、自觉遵守者、坚定捍卫者。

因此，真正全面的法治教育需要让学生明白自己的责任和权利，既包括道德教育、守法教育，也包括权利教育以及如何行使自己权利的教育，讲清依据《宪法》公民应该享有什么权利，应履行哪些义务。

法治教育进课堂以后，当然需要增长学生的法治知识。但值得注意的是，在当下应试教育较为严重的情况下，还需要防止法治教育变成知识教育，即仅仅局限于增长法律知识。此套法治教育丛书引用了一些法律条文，设置了一些情景，引入了一些鲜活的案例，既有对学生遵守法律的要求，又引导学生提高自我防范意识，自觉抵制各种不良风气的侵袭，还涉及学生如何维护自身的合法权益，如何寻求司法救助等。所以，实际教学当中一定要着眼于增强学生的法治意识，锻炼学生的法治思维，以法治方式解决学生生活中遇到的实际问题。

法治教育最为迫切的需要是与培养学生的自主管理能力密切结合起来。大量案例分析表明，青少年犯罪的主要原因有自我控制能力弱、头脑简单、解决问题的方法偏激粗暴、贪图享受等。这些都与长期以来学生总是被动受管，自主管理能力未能得到发展，依赖性强等直接相关。在学生自己管理自己的过程中，必然会涉及如何与人相处，如何制定规则，如何监督规则的实施，如何明确自己的责任和权利边界，如何与他人协商达成共识，如何进行共同治理，如何防范校园侵袭等一系列问题，唯有在生活实践中解决了这些问题，有了这些生活经历和体验，才能具备解决这些问题的意识、能力与技巧。

调查表明，在学校生活中，自主管理能力较强的学生进入社会就能更切实地遵纪守法，理性应对各种问题，远离犯罪；而在学校接受严格管理、封闭管理的孩子，进入社会时由于缺乏自主管理的经验、能力和技巧，违法犯罪的比率则会大大提高。自主管理能力较强的孩子把人际问题化解在校园内的相处过程中，自主管理能力较弱的孩子则可能把问题带到社会中。从建立法治社会角度看，无疑有必要增强校园内学生的自主管理能力。

学校法治教育当立足校园，服务法治社会建设，应将其作为社会民主法治建设的基础性工作，深入持久扎实地向前推进，让法治阳光普照校园。

PART 2

第二辑

坚守教育的底线

比上学路更堵的是僵化的思想观念

城市孩子上学早、上学远、上学堵，上学路成了"闹心路"的问题，存在不是一年两年了，却一直拖延积累成了越来越大的难题。这反映了教育管理部门、交通管理部门、家长等各方面的思想僵化。

导致城市中小学上学堵的原因是多方面的。从学校方面看，长期以来学校只关注校内的事，学生上学路途的事不被纳入学校日常工作范围；从交通部门看，他们较少在学校周边实施个性化的交通管理方案，堵在车里的中小学生似乎不算一回事儿；不少家长在为孩子选择学校时，较多考虑的是学校的升学率，对就近原则和交通状况未能足够重视。

说到上学用在路上的时间长，不少人总将它当作大城市的自然现象，中日韩三国相比，中国小学生在上学路上所花的时间是最长的，说明这个想法站不住脚。所以首先要改变的就是这种思想观念，这是一个关系到当地政府和社会儿童基本权利保障到什么水平的问题，这个问题没解决好，就是当地政府的工作没做好。

做好这一工作的首要条件是城市学校的布点合理，校际均衡。从城市的布局来说，中小学适度微型化是降低上下学拥堵的有效措施，而一些地方的领导热衷于办超级豪华大规模的中小学，直接导致上下学的拥堵和行动迟缓。这些都是深层的思想意识问题，说到底是没有真正确立以人为本、服务民众的意识。

大范围择校是导致一部分学生上学远的重要原因。在这方面，不少家长对学校评价的单一优劣观念需要打破。一所学校好不好最终要相对于孩子而言。事实上，首先要考虑的是自己的孩子能够获得多高的教师关注度；再要看的是孩子的付出，如果孩子每天要花费更多时间在路上，就必然减少休息和学习的时间，消耗精力和年华，减少自主性；还要明白，小学阶段学习知识量的多少并不重要，重要的是养成孩子好学的品性。不少家长后来送孩子上学的"头疼"都是当初选择不当的后果。综合考虑各方面因素，如果两所学校差别不是足够大，就近选择中小学应当是最优的选择。

学校周边的交通拥堵有明显的时间和线路特征，交管部门应依据学校周边的实际情况制订特定的缓解方案，可采取上下学时段特定路段非上下学车辆限行、接送孩子的车辆必须停靠在离校门多远距离以外、设置固定的家长停车点等措施。

学校也需要改变作息时间和课程安排不可更改的观念，错峰上学、弹性上学都是可以尝试的选择，应根据各校实际自主决定，不必让那些交通压力不大的学校也跟着一起"吃药"，这本身也是一种思想解放。

彻底改变中小学生"出门早、回家晚"的现状，需要家长、学校、社区、交管等各方面合作，最关键的是需要各方面打破旧的观念，依据新的情况，把保障孩子的休息权切实放在心上，据此做自己力所能及的事。最重要的是要建立环环相扣的责任链，形成各方面相互监督的机制，让做得不好的那一方能立即被推上被告席。最终的目标是不要让学生被糟糕的交通状况折腾得筋疲力尽，留点时间和空闲让他们有相对充足的睡眠，能从容地学习和创造，留下较好的童年生活印象，充满信心地走向创造更美好社会的征程。

以人为本的教育首先必须尊重人

当看到一些地方投入数亿元建一所中小学时，确实为当地加大教育投入而高兴；当走进这些学校的教室，看到班里七八十乃至百余学生，又为这些学校的安全和教学质量担心；再到当地乡村一看，新建的校舍里却只有为数不多的学生，不得不思考教育发展深层次的问题。

对此，《国家中长期教育改革和发展规划纲要》（2010—2020 年）（以下简称《规划纲要》）有针对性地提出"推动教育事业在新的历史起点上科学发展"。系统阐述教育的科学发展比较复杂，但实现教育科学发展最重要的前提就是切实实行以人为本、育人为本。

人的发展状态是衡量教育是否科学发展、是好还是不好的最重要标准。

中国教育近几十年发展出现过这样那样的偏差，深入分析出现偏差的根本原因就是在如何看待人上出了问题。没有把人当成教育的主人，没有把学生当成教育的主体。淡化人，压低人，以行政意志为本，以经济发展或者某个功利的追求为本，以政绩为本，或把人仅仅当作工具的教育，肯定不是科学发展的教育。

1949 年全国政协《共同纲领》提出要办"民族的、科学的、大众的教育"，其中对人的定位就十分恰当，这里的"人"不是少数人，而是大众。教育要为大众服务，而不能仅仅为少数被选择出来的人服务，或仅仅为有钱有权者服务。大众有平等的受教育权，不能厚此薄彼。而在实际的发展过程中，不仅出现了优待少数人的重点学校，而且还形成了从教学到评价，再到管理的体制基础，有了"按权择校"和"按钱择校"。

以人为本的教育首先必须做到尊重人，尊重每个具体的人，尊重他们在教育上的自主选择，尊重他们的独立人格。教师要尊重学生，教育管理者要尊重教师，要把教学的自主权还给教师和学生，单方面强制命令的教育违背以人为本，也不可能科学发展。

以人为本的教育要遵从"天性为是"原则。学生成长发展的实际需求最大，教育工作者应该像医生尊重生命那样尊重它。学生发展需求是学校工作的第一个依据，教师、校长和行政管理人员，以及各级教育行政和社会组织都应认识到这一点，要依这些需求去开展课程设计、学校管理等各方面工作，要把学校从行政科层中解放出来，真正实现去行政化。学校应该通过满足学生学习发展需求去满足社会对教育的需求。科学发展中最重要的就是尊重教育的内在规律，要注重质量，确立科学的质量观和发展观，而遵从"天性为是"，是做到这一切的基础。

以人为本的教育要实现人的发展，而不能仅仅将教育作为政治与经济发展的工具，作为经济和政绩的筹码。发展人是社会其他各方面发展的必要前提，比发展其他任何一方面都具有更高的价值。每个人的充分发展是以人为本的最终体现，建设人力资源强国和提高教育服务社会能力，都必须以绝大多数人的充分发展为前提。简单将教育当政绩以及各地出现的教育应试倾向和教育 GDP 的攀比，事实上已经在一定程度上伤害了人的发展，不是科学的发展。

以人为本的教育不仅要丰富学生的知识，更应促使学生涵养个性，确立志向，产生信仰，怀抱理想，生成自由思想，培养独立精神，增强合作意识，提高自觉性，发展创造力，追求真理做真人，成为合格公民，而非仅仅是地位、文凭、学位、报酬、奖励的兑换券。

以人为本的精髓在于"真"与"爱"。缺"真"的社会必然失去牢固的基础，乏"爱"的社会必然没有凝聚力。失真乏爱的教育必然导致社会的沙漠化，现实当中的教育不"真"的问题还很严重，科学发展、尊重教育内在规律、注重质量、确立科学的质量观和发展观，都是强调办教育要"真"。现实中教育失"爱"的问题也很严重，诸多校园事件就是例证，推进教育公平，办人民满意的教育都是强调"爱"。

落实以人为本的教育，关键在于维护教育当事人的自主权，最重要的是学生应该有学习自主权。每个教育当事人都要成为自己教育的主人，政府有责任维护每个人的教育自主权，而不应强求一律；政府有责任创造条件使每个人作出适合自己的选择，使每个人走上自己的教育之路，而不是千万人都走一条路。学生难以成为学习的主人，教师难以成为教学的主角，千人一脑、千校一面的状况绝不是科学发展。

评价教育是否真正做到以人为本的标准是人民是否满意。教育改革是社会追求公正、公平、平等、自由、民主的手段，应该满足人民日益增长的多样化教育需求。以人为本的教育目标就是为生活向前、向上的需要而教育，实现人民更加幸福、更加有尊严。

当人们看到教育的条件改善的时候，或许认为教育已经越来越好了；当人们看到身边人的学历越来越高的时候，也许认为教育越来越好了。但是仅有这些还远远不够。

评价教育质量已经有了不少技术指标和参数，然而它们仅仅能获得一些客观的情况，很难反映价值与人的感受。教育是否办得好，最终要看人人是否都获得尊重，人人是否都获得充分的发展，人人是否都得到本应享有的自主权，并因此更加幸福，更加有尊严。

以人为本的教育才能科学发展

《规划纲要》明确提出"推动教育事业在新的历史起点上科学发展"。实现教育科学发展最重要的前提就是纲要中强调的以人为本、育人为本。

关于以人为本，宏观上需要摆正三个位置：

必须明确大方向，即坚持教育为社会主义现代化建设服务，为人民服务，办人民满意的教育。

必须摆正教育与其他各方面发展的位次，宁可在其他方面慢一点，缓一点，也要将教育放在优先发展的位置。温饱问题已经基本解决了，教育就成为与人的生活质量最为直接相关的因素，优先发展教育越来越成为最广大人群的迫切要求。因此各级政府要把优先发展教育作为贯彻科学发展观的基本要求，切实保证在经济社会发展规划中优先安排教育发展，财政资金优先保障教育投入，公共资源优先满足教育和人力资源开发需要。

必须摆正人与人之间的关系，以人为本中的"人"不是少数人，而是大众。教育要为大众服务，而不能仅仅为少数被选择出来的人服务，或仅仅为有钱有权者服务。大众有平等的受教育权，不能厚此薄彼。要促进全体人民学有所教、学有所成、学有所用。

政府和社会提供了以人为本的条件，还需要依靠教育工作者将以人为本贯彻到教育理念、管理、教学和评价之中。

在理念上要解放思想，首先必须做到尊重人，尊重每个具体的人在教育上的自主选择，尊重他们的独立人格。教师要尊重学生，教育管理者要尊重教师，要把教学的自主权还给教师和学生。要维护教育当事人的自主权，最重要的是学生应该有学习自主权。

在管理上，当前最为紧要的工作是把促进公平落实到不同地区、不同学校、不同人群，落实到每一个具体的人身上。尽可能使每个人感受到教育公平的阳光照到了自己的身上，每个公民依法享有的受教育权利得到了有效保障。实现这个目标，关键是给予所有人公平机会，重点是促进义务教育均衡发展，保护弱势人群依法享受教育的权利，根本措施是公平配置教育资源，尤其应向农村地区、边远贫困地区和民族地区倾斜，加快缩小教育差距。

在教育教学工作中，要把育人为本作为教育工作的根本要求。一方面，学校必须以教学为中心工作，以学生为主体，以教师为主导，其他各方面工作都必须树立为教学和育人服务的意识，要把学校从行政科层中解放出来，真正实现去行政化。另一方面，充分发挥学生的主动性，把了解学生成长发展的需求作为一切工作的基础，把促进学生成长成才作为学校一切工作的出发点和落脚点。

以人为本既要爱满天下，又要因材施教，要遵从"天性为是"原则。要依学生成长发展需求开展各方面工作，要关心每个学生，促进每个学生主动地、生动活泼地发展；了解不同学生的差异，不冷落"少哭"的孩子；尊重教育规律和学生身心发展规律，为每个学生提供适合的教育。

在评价上，要坚持尊重个性，全面发展。坚持文化知识学习和思想品德修养的统一、理论学习与社会实践的统一、全面发展与个性发展的统一、体魄强健与心理健康以及身心和谐的统一。坚持强化能力培养，优化知识结构，丰富社会实践，着力提高学生的学习能力、实践能力、创新能力，教育学生学会知识技能，学会动手动脑，学会生存生活，学会做事做人，促进学生主动适应社会，开创美好未来。

以人为本的高质量教育所关注的不应只是学生的考试分数，还要把促进人的全面发展、适应社会需要作为衡量教育质量的根本标准，要更加注重涵养个性，培养独立精神，增强合作意识，启发自觉性；要培养学生团结互助、诚实守信、遵纪守法、艰苦奋斗的良好品质；要加强公民意识教育，树立社会主义民主法治、自由平等、公平正义理念，培养社会主义合格公民。

以人为本的高质量教育所关注的不应只是学校的升学率，还要注重教育内涵发展，鼓励学校办出特色，办出水平，育出英才。

提高质量形式上属于科学发展，实质上体现的是以人为本，因为教育高质量是为人的更好发展服务的。所以在教育改革发展中，提高质量是核心任务。

惩戒之矛不得触及学生权利之盾

2012 年，青海师大二附中某教师因学生未完成作业，打学生 8 记耳光的视频在多家网站流传，引发网友广泛关注。但更让大家关注的是，被打孩子家长表示：我希望她原来怎么管我的孩子以后还怎么管我的孩子。教师如何用好教育惩戒权？家长为何支持老师打孩子？

据我调查了解，教师或父母对儿童的体罚在目前依然大面积存在，它是与中国传统文化中师道尊严的价值取向、缺乏对儿童人格的尊重和讲求严厉的教育方式直接相关的。除了这一文化基础，中国现实生活中法制建设滞后，包括师生和家长在内的整个社会法治观念淡薄，对儿童基本权利缺乏足够充分的认识等也是教师产生激情暴力的重要原因。

在这样的现实状况下，教师对学生的暴力行为既有个人的责任，也有整个教育管理、评价乃至政府社会治理的责任。

在明晰了这些前提之后，还应在"以儿童的最大利益为一种首要考虑"的前提下，形成一些基本共识：

一方面，就教育工作本身的特性而言，正面激励与惩戒是教育不可缺少的两个方面，惩戒是教师的基本权利，也是教师的基本责任。教育行政或其他部门与组织阻止或干涉教师惩戒权的行使，即便戴上道德善良或政治正确的面具，也是对儿童教育的实质性伤害；一个完全放弃对学生的惩戒的教师，实质上就是放弃对学生应尽的责任，这就是大量家长从希望教师负责任的角度赞同并支持教师对自己的孩子适度惩戒的原因所在。

另一方面，又必须明确儿童基本权利是不可逾越的边界。尽管中国作为联合国《儿童权利公约》缔约国已经 20 多年了，并颁布了《未成年人保护法》，但在一些人心中，联合国的公约和国家法律没有顶头上司的指令重要，以致教育界乃至全社会对儿童基本权利的认识还极为淡薄，维护儿童的权益的措施也不够得力，从而导致不少教师对儿童的惩戒超越了儿童基本权利的底线，却较少受到依法处罚。

简言之，惩戒之矛不得指向或触及儿童基本权利之盾。从逻辑上可以这样理解：教师的惩戒措施主要解决的是儿童认识、品德、行为上的差错问题，属于广义的道德范畴；对儿童基本权利的伤害则属于法律范畴，要"确保学校执行纪律的方式符合儿童的人格尊严"，不能为矫正道德范畴的问题而去触犯法律。

如此，惩戒就成为一种高难度的艺术，这是所有教师都必须了然于心并谨慎于行的。惩戒如同一把高悬的剑，要让所有学生知道它的存在，不去触碰；要让所有学生和老师在惩戒边界上达成共识，明辨是非：这是惩戒发挥作用的主要方式。教师在使用惩戒上必须格外小心，要有上兵伐谋的策略，要理性并艺术地使用惩戒，使它发挥四两拨千斤的效果，避免在激情状态时惩戒学生。

然而，惩戒的边界又不应是个别师生间私相授受的，而应依据《儿童权利公约》及相关法律通过一定的程序变得更加明晰，更加规范。解决这类问题的一项重要工作就是应由专业组织、教育行政部门、相关法律部门确定明晰的边界，使师生和家长及社会广为知晓，进入一种可操作的常态，由师生共同遵守，相互监督，民主评议，这样惩戒与保障儿童基本权利的系统性正能量才能充分发挥。

禁止老师参与奥数是迎风扬帆

2009 年，成都市教育局发声，将出台多项措施禁办奥数班，其中包括：教师校外兼职教奥数或私办奥数班将被严处甚至开除；民办学校小升初或初升高的"自主选拔试题"不得有奥数内容；公办学校以奥赛成绩选拔学生，校长最重可"撤职"；教师进修校、少年宫等"半官方"培训机构停办奥数班。

这几项措施若得以切实执行，虽不能说可以完全禁绝奥数，至少可以见到明显成效。

现在有人质疑教育局是否有权采取如此措施，回答这一问题需要明了：在奥数狂风刮起，学生的正常成长发展受到严重伤害的时候，奥数已经成为一种"公害"，如果政府不作为，任其危害扩散蔓延，学生和家长难避其害，千千万万人的童年将被奥数狂风吹进魔窟；采取切实有力的措施，从教师这一关键环节入手禁办奥数班则是在奥数这股狂风已经刮起之时，操舵扬帆，载领学生进入安全区域的应有措施。风起帆扬，自然而又应然。

这些措施能否煞住奥数狂风呢？首先任何政策都有其目标，整治奥数泛滥的目标不应是将奥数斩尽杀绝，而是要改变学生学也不是，不学也不是，家长没有选择的权利的现状。奥数本身也许没有错，但是把奥数作为实现某一功利目标的手段就错了。还应该让那些 5% 左右确实喜欢奥数，有潜能在这方面发展的学生有可以自主选择学点奥数的机会。因此保留常态的奥数，整治病态的奥数才应是政策的真实目标。从这一目标出发，如果能从师资、评价、招生升学、校外活动几个方面采取切实的措施，是完全可以达到预期目标的。其中最为关键的是将升学与奥数成绩完全脱钩。

打倒了奥数，孩子能真的轻松？显然不能。只要还有"择校"存在，只要还有教育资源的不均衡，只要社会上的阶层还存在，取消了奥数还会有"华数""奥语""奥理""奥化"之类出现。解决这些问题需要长久之计，但不能因此否定对现在存在的奥数狂风加以遏制的措施的价值。

让喜欢的学生还有机会学，将被动绑架来的学生解放出来，这当是最为理想的政策效果。

男女平等，不等于无差别

2012 年，中国人民大学和上海外国语大学公布高考录取结果，提前批小语种录取分数线都出现了"男女有别"的情况，女生最低分数线普遍高于男生，有的差距高达 65 分，引发了公众关于高考公平与性别歧视的讨论。

招生分数线"男女有别"就是不公平吗？

对此问题的回答首先要明了每个个体与人类社会是两个大系统。在这两个大系统中，一方面，每个个体都是由他的祖先千百万年进化而来的与众不同的个体，他生存在人类中的价值在于他与众不同，也因此人的天性是多元的；另一方面，社会对个体的能力和素质需求是多样化的。这两方面的多样化是统一协调的。

而现有的仅仅看重考试的教育和教育的单一评价标准是有问题的，这仅仅是应对社会复杂需求的一种简单办法，这种教育与评价既违反人性，又不能很好地满足社会发展对人的能力多样化的需求。从人类发展的历史可以看出，人人生而具有独特特质和不同天赋，因此教育评价体系应该鼓励人"多元、自主"发展，使每个人独特特质和天赋的发挥与多元的社会需求完美结合。正因为此，现有条件下的考试分数仅仅是一种相对参考值，不能作为衡量公平与否的依据。

从现有单一评价的特性看，录取分数线"男女有别"确实导致一些女生损失了眼前的利益和机会，却也为避免女生进一步受到更大的伤害设置了警戒线。从眼前看，如果你上了这个专业却找不到工作是不是更大的伤害？更为重要的是，女性的高分是以损伤了自己的天性为代价换来的。从男女天性来说，女性更容易接受教育的一元化标准，但男性会本能地抗拒，所以在考试中，女生普遍更容易考出好成绩。但在此过程中，女生却受到了更大的"伤害"，因为她们更多地丢掉了自己宝贵的独立思考能力和人格。男女考分无差别的情况下，会继续强化女生接受单一评价测试标准的意愿，客观上导致女生伤害自己无极限的情况发生。这个制度实际上会伤害到更多人，这是女生的悲哀，更是人类的悲哀。

小语种招生分数线"男女有别"，主要反映的是供求关系，并不涉及性别歧视。这种供求关系的源头是由社会对人力资源的岗位需求决定的，这种岗位需求决定着高校招生的性别比例，比如阿拉伯语专业的学生毕业后要到中东地区工作，女性极为不便，用人单位就偏向招男生。

近年来高校普遍出现"阴盛阳衰"。1995年至2004年，全国普通高校的女生比例由35.4%升至45.7%。2007年，新入学的女生比重首次超过男生，达到52.9%。2010年，考上大学的女生数量比男生多33万人。这种情况都会导致此后长期的就业问题，在招生环节就进行调节比在就业环节去进行调节损失相对较小。无论男生女生，都要依据社会需求及时调整自己的职业生涯规划，选择既适合自己又能符合社会需求的职业。

长期以来，人们进入了一种将平等当作无差别的误区，以致不承认男女之间在先天和生理上就存在差别的事实。在教育上也不是充分发挥男女各自的优势，将男人培养得更像男人，将女人培养得更像女人，而是培养出了不少不男不女的人。男女平等是立足点上的平等，男女平等的实现形式则应是各自的优势潜能充分发挥，双方的关系更加和谐。

正因为此，变革单一的教育评价体系，鼓励多元、自主发展，建立符合人性和社会需求的多元、自主的教育评价体系，使每个人独特特质和天赋的发挥与多元的社会需求完美结合，显得日益迫切。

封杀奥赛同样是非理性的

　　一位有着三年竞赛经验的大学生致信某媒体，用亲身经历讲述了对"竞赛党"的看法。针对竞赛是陷孩子于"水火之中"的言论，这名同学认为，竞赛过程枯燥又艰辛，只有真正有天分且有浓厚兴趣的学生才能坚持下来。竞赛是一种"中国式的精英教育"，更是一种人生洗礼。

　　前几年非常态的"全民奥数"，引发了一些人对奥赛的一片讨伐声。这种声音缺少的依然是理性，只有回归理性，让竞赛回归常态而非变态，才能真正发挥竞赛对人的成长的评价和激励作用。

　　将竞赛推向变态的不是竞赛本身，而是外部所能许可或认可的竞赛过于单一，对竞赛结果又赋值过高，如早年与"振兴中华""民族荣誉"捆绑在一起，后来又与能否上顶尖大学相联系。在校际差距大的情况下，竞赛成为度量学生的一把尺子，承受了它不应也不能承担的功能。

　　同样，将竞赛全盘否定的看法确实在一些人中存在，奥赛无用论或认为竞赛陷孩子于"水火之中"的看法都过于片面。客观、公平的竞赛的价值是不能被抹杀的。事实上，保留竞赛的多样性，依据竞赛的本能为其赋值，常态的竞赛完全可以作为青少年成长发展的路标和激励。

　　从某种程度上说，竞赛过程是不断成长和探索自我的过程。人们可以在竞赛中了解自己的"长短"，找到真实的自己，确定自己的发展定位和方向；用竞赛激发自己的内在潜能和兴趣，在竞赛中学习他人的成长发展诀窍；通过竞赛丰富自己的知识、体验，在竞赛中培养严谨、拼搏、抗挫的品质；在竞赛中还可结交有共同兴趣的朋友，相互帮助、鼓励。

　　但是，任何竞赛都不是万能的，也不是普适的，每一种竞赛都有它适用的人群，仅适用于在该竞赛内容方面有兴趣、有潜能的人，若演变成为了得其利，人人都想参加的活动，必然变质。竞赛只能以人的兴趣为基础，自愿参与；不能左右或压制人的兴趣，更不能无所不用其极地扼杀真正有兴趣、有天赋的人。

任何竞赛都有适用的环境和条件，超越适用环境和条件的结果是扭曲与失真。常态的社会中需要有依据人的多样性才能建立起来的多样性竞赛，而不能只有或只使用单一竞赛。多样性的竞赛为具有不同才能的学生提供展示其潜能的机会，整体形成各种学生都有参与机会的良性生态。因此各种竞赛都需要充分体现参赛者的自主选择意愿，尽可能减少被动参赛者。同时要减少培训因素对竞赛的影响，这样才能使竞赛更加真实，参赛者具有相近的培训度是保持良性竞赛的前提。

一个不容忽视的事实是，竞赛只是对竞赛参与者某一方面潜能状况的测试和比较，是对人进行多元自主测评的方式之一，但不是唯一方式。某一次竞赛仅能获得个体特定时段内的状态，不能依据一次竞赛的结果对参赛者下全面的判断。竞赛结果可以作为学生成长发展的可靠依据，但不宜作为唯一依据，不能依据一次的结果就对学生的未来作判断。竞赛结果的解释与竞赛所获名次不能简单等同。增强结果解释的专业性才能有效地利用竞赛。

要让竞赛走出极端，回归常态，既不能因为对升学有益就盲目参加竞赛，也不能将竞赛变味的板子打在竞赛身上，一刀切地取消各类竞赛，禁止竞赛成绩的使用。而是要建立多样化、常态化的竞赛机制，以服务人的成长为出发点，设计、规划好竞赛的每个细节，消除竞赛中把参赛者当作工具的意识、行为和环节，充分利用竞赛为人的成长发展服务。

普通高中化债需厘清政府学校责权

2014 年，全国高中负债 1600 亿元的信息披露，让公众感到吃惊。而依据我长期调查的情况估计，这个数据还是不完整，总体上会被低估。

2005 年，我来到中部地区某县，当地领导以如何重视教育的名义带我看了他们投资 12 亿元，其中举债 8 亿元整体搬迁重建的县中。当时我就问："这么多债，高中学校怎么还得起？"不料对方毫不迟疑地回答"收费"，并拿出他们 20 年内还款的计划。

高中负债发展这股潮流源自 1999 年的大学扩招，一时间各地升学率大赛拉开了广阔的序幕。升学率不只是高中的荣誉，也是当地政府的脸面，于是许多地方政府为了提高当地大学的入学人数和入学率，不顾长远和实际盲目地投资办高中。这些做法对改善当时的高中办学条件曾产生了一些积极作用，同时也让高中不自主地背上沉重的债务，被迫走进借钱、扩建、还债的怪圈。

在这种情况下，各地高中普遍存在以下现象：校舍做得很奢华，但却不太适合做校园；教师工资相对低，在一些地方甚至出现了高中教师争着去当初中教师的情况，或违规补课收费；对学生收费很高，加重了家庭的负担，一些学校 70% 到 80% 的经费来自学生的收费，千方百计想各种名目收费。也就是说这一发展方式既不利于教师，也不利于学生和家长。

那么是谁撑大了高中消费的胃口呢？是一些好大喜功缺乏理性的政府管理者。如果没有对升学率排名的过分追求，没有对高中示范校（重点高中）的过分追求，就不会有过去十多年高中的非理性发展潮流；如果高中的扩建仅仅是一个责权明确的高中学校范围的事，它一下借不来那么多债，很多债都是地方政府发力让银行借给学校的。

当然，还有一种隐性的因素在起作用，就是这种发展中有个别官员的利益，高中所背债务中很大一部分用于扩建或迁建，甚至用来建与教学毫无关系的大门或装饰物，也就是说高中的盲目超前扩建是一些人充分利用了民众对孩子升学的渴望情绪，私下满足了自己的灰色需求。

这种发展方式在改善高中办学硬件的同时，给高中留下的事实上不只是沉重的债务，以及债主冲击学校的正常教学秩序，还把高中绑架到一条难以健全发展的路上：使学校有更大的压力去追求升学，更加不顾高中应实现青年学生这一阶段独特的成长发展目标，使学生题海没志，受害的是所有当事学生；使高中更彻底地成为大学的升学训练营；使高中文化、质性、精神的内容进一步流失，债务缠身的教职工和学校只能追求量的扩张、粗放式发展的"教育GDP"。

一些人从重视教育的角度呼吁政府给高中还债，这种想法其实太简单。过去高中学校之所以背上重债，是因为一个无限责任的政府与一个无限责任的高中学校瞄准公众的某一诉求而进行的一种盲目而不乏自私自利的共构。事实上这些借债的当事人基本不在那儿了，现在暴露出这些信息也仅仅是指出那里有个坑。如果不能找出这个坑出现的原因，就用纳税人的钱把那个坑填上，难保明天后天还要出现第二、第三、第N个坑。

一些人仅仅将这种行为归因于当地财政资金投入不足，才让学校走上借债扩大规模的道路。这种看法忽视了高中学校的管理体制障碍。曾经有一位高中教师向我诉说，政府财政只给学校公办教师的基本工资，占不到整个开支的20%，公办教师的非基本工资部分以及非公办教师的开支等都要靠各种收费，每年为筹资的事太劳神。当我了解到当地这类高中还不在少数的时候，我问为何不将一些高中直接转为私立，回答是教师身份和校长级别问题无法解决。

综上所述，高中债务不是简单的钱的问题，而是人、政府和学校管理体制的问题。高中学校要彻底走出"被债务"的怪圈，就必须明确政府与高中学校的责权边界。一方面，要明确政府的权力清单，政府不能鼓动学校作不着边际的发展计划，帮它借钱而不问来日能否还账，当事人自己名利下袋便转身走人或升迁，要消除这种不负责任的行为。另一方面，要立法加快现代学校制度建设，明确高中学校的责权边界，让高中学校成为真正的独立法人，自己当家，自主地依据教育特性和内在规律确定自己的发展规划，适度考虑教育的产业特点，以节俭和有效为原则使用经费，避免为金钱和债务所绑架。

解决了这些思想观念和体制性的问题，高中所要还的债才是有限的，否则就是无底洞。

"弑师案"显示师生心理距离达到警戒线

2008 年，一个月内连续发生数起学生杀教师的案件：10 月 4 日，山西朔州某学生将一位与其素无冤仇的 23 岁老师刺死；10 月 21 日，浙江缙云 31 岁的女教师潘伟仙被学生丁某掐死在家访途中；10 月 28 日，中国政法大学 43 岁的教授程春明被本校一学生砍死在教室里。发生在政法大学的杀人事件吸引了更多人注意，也更值得深思。

事后相关部门在高校开展了严查、收缴管制刀具的工作，这一工作或许能取得一定效果，却也可能进入一个误区——让每一位教师以"包公"的态度对待学生，可能造成一人得病、人人吃药的后果，从而产生新的问题，让师生间的裂痕更深。

将上述事件放在一个更广的背景中来看就不难发现，它们发生的根本原因在于师生的心理距离过大，已大大越过了师生关系的警戒线。片面应试使师生之间在追求分数的过程中产生对立，功利的意识流行使得师生相互以对方为实现自己目标的工具，客观存在的不同学校间的不均衡造成师生的心理不平衡，充斥电视和网络的暴力加深了人际隔阂……这些都是造成师生心理距离拉大的原因。

现实中学校的一些管理不当也是拉大师生心理距离的直接原因。例如高校扩招后，教师与学生直接交往的频率大大减少。尤其是一些新建的大学校区，教师上完课就离开，到了晚间，整个新校区几乎只有清一色的学生。除了上课，学生基本上见不到教师，师生间缺乏基本的交流，更谈不上相互谈心。

正因为此，不能将接连发生的学生手刃老师的悲剧当成孤立的事件，也不能仅仅当成教育出了问题，而应看到它们是整体性的社会危机或文化危机在现实中的表现。解决这一危机的方式不应是制造新的对立，或简单以为严查、收缴了管制刀具就万事大吉。

当前最为急迫的是要采取切实有效的措施，缩短师生间的心理距离。由此联想到香港中文大学采取的书院制：每一位学生可以自己申请选择宿舍，回到宿舍就像回到"家"一样，那里有指导老师，可发放奖学金，有各种各样的活动……正是在这些活动中，师生、同学有机会交心，成为真朋友。有了真朋友的人，不会做出傻事来。

而在我所到的不少学校里，一些学生没有自己真正的朋友，教师也无暇顾及他们，这样就会产生一系列的问题。人要学会和平相处，学会尊重生命，学会彼此宽容与互相理解，才能化解暴力，否则就可能进入"他是我的敌人"的困境。只有生命被敬畏、被尊重，人与人之间能感受到温暖，师生之间能够感受到彼此的关爱，校园里才会有更多的安全感。

学校规模适度是责任的底线

从媒体得知在汶川地震灾区重建中又在建万人学校，不免有些担心。

长期在学校里跑，深知一些地方基础教育阶段已经建起或即将建起的万人巨校问题确实太多了。

第一就是安全隐患系数随学生人数增加而成倍增长，日常活动中的安全隐患大大增加，这次地震一下子让那么多巨型学校的教师和学生丧失生命，是血的教训。

第二就是管理问题增多，学校规模增大到一定的程度，超越了有效管理半径，管理就会无法发生实效，如校长不认识教师，教师之间形同陌路，很难发生积极交往，这就必然造成团体松散。

第三是教学的效果并不好，会出现大面积的相对弱势班级。这些班级的教师和学生未必能较好地受到重视和公平对待，被关注得不够，存在过多被忽视的人，因而积极性受到影响，造成多数学生荒废青春学业。

依据长期调研，从安全和有效教学考虑，学校大小有个最佳规模：幼儿园为 3～4 个平行班，小学为 5～6 个平行班，中学为 7～8 个平行班。从师生的安全和有效教学角度考虑，教育管理部门应停止在基础教育阶段建巨型学校，对一些地方为贪大求利而建的超过上述规模的巨型学校应限期分拆整改。奉劝家长们尽可能避免为孩子选那些规模过大的学校，而应选择一个规模适中又比较适合自己孩子个性的学校。

如果现在新建学校依然只从校舍的投入与产出这一个角度考虑，而不顾教育教学和管理的有效性，就是对大多数教师和学生的不负责任。从这一角度说，保证学校的规模适度是责任的底线，是以人为本在学校设计和规划中的体现，是保障更多的普通学生受到平等对待的条件，是创造更多学生成才机会的基本要求。

学校建设首先要考虑的是以学生成长发展为本，以保障整个民族未来发展的生命活力为重，学校规模适度是这一保障的基本条件。学生是中华民族的太阳，学生被过于近距离地堆放在一起就不会成为太阳，学校规模适度是事关太阳能否在明日升起的大事，切不可小视！

教育经费管理存在多项问题，回应质疑制度亟须建立

教育经费实现 GDP 的 4% 已近一年。教育部提出，2013 年是教育经费管理年，一定要用好教育经费，努力办好人民满意的教育。

随着财政教育投入的大幅增加，用好管好教育经费的任务显然十分艰巨，要求更迫切，社会关注度也更高。因此，如何解决目前教育经费管理所存在的问题，进一步管理好教育经费以促进教育事业科学发展，值得我们探讨。

一、教育经费管理存在的问题

2012 年，中国年度财政性教育经费支出总额超过 2 万亿元，占 GDP 比重首次达到 4%，增加的经费与原有不太完善的经费管理体制间的反差凸显出教育经费管理存在诸多问题。这些问题集中表现为：

规范、体制不健全。虽然在一些地方有了预决算过程，也有其他各种制度，但在实施过程中依然存在过多的人为干扰因素，执行不够严格，经费管理制度的严肃性尚未完全确立。甚至出现了一些地方政府将上级教育专项资金转移支付打入当地财政收入户头的明显违规行为。还有一些地方资金分配和拨付不够及时，导致接近年底还有大量资金未能使用，而该年度应该做的很多事却未做起来，不只接着又影响下一年度的预算，更大的损失在于贻误了与之相关的一大批教育当事人的成长发展机会。

绩效目标不明确。教育财政经费用来干什么，这是很多地方至今不甚了的。加之现有教育管理体制存在条块分割、多头管理、层次多、环节多、

运行成本高、效率低等特点，不少人想当然地认为增加的经费应由每个部门都分一杯羹，淹没、模糊了政府教育财政投入总目标。不少地方仅仅将政府的宏观政策作为经费投入的由头和框框，缺少依据当地实际情况解决当地教育实际问题的具体方案和目标，缺少对当地经费需求的全面了解和系统深入的分析，从而导致教育经费使用的绩效不明显，花了大量的冤枉钱。例如，说到教师培训重要，某地教委所属十五六个部门就都争着花钱做教师培训，这个培训班主任，那个培训团干部，还有部门培训党员骨干，又有部门培训教研骨干或青年人才……其结果是政出多门、交叉重叠、低层次重复，计算出培训总量则该地所有教师一年要拿出超过一半的时间参加各种培训，似乎教学工作都不需要做了。实际情况是未能满足教师成长发展的真实需要，却花掉了大量教育经费。

分配使用过程不透明。教育经费从根本上说是纳税人的钱，它的分配和使用过程至少需要让纳税人看明白，现实的状况是多数地方难以做到这点，成为公众关注的热点。教育主管部门也曾要求财务公开，但较多关注的是学校内部的财务公开制度建设，作为一级地方政府的教育财务公开程度远远不够，一些地方在项目经费里大量列支正常的办公经费，拓展"三公经费"的支出空间，由此引发一系列社会质疑，有损政府的信誉。一些地方提高生均经费的积极性不高，项目经费却有很大的增长，而项目经费不只在分配环节不够透明，又主要使用在优质学校上，导致教育均衡的问题不但没有解决，反而有所加剧；此外，由于各地发展学前教育的财政经费进入私立幼儿园存在障碍，大量投入在公立园和示范园上，不仅难以实现"国十条"的普惠目标，政府没有很好地担负起"保底"责任，还导致一些地方幼儿园间的差距进一步拉大，加剧了入园难。这些都在一定程度上与经费的分配和使用不透明直接相关。

鉴于上述问题，今后一段时间内管好用好教育经费不再是相关人员是否尽心尽责的问题，也不再是提出一些一般性的原则或财务纪律要求所能解决的问题，而是要转换教育经费的管理模式，结合政府管理体制改革，在建立透明、有效的政府的基础上去管好用好教育经费。据此，当前最为急迫的是强化绩效目标管理，建立透明的教育财政管理、分配体制。

二、强化绩效目标管理，把钱用在刀刃上

强化绩效目标管理，简而言之就是要把花钱与做事以及所做的事能否达到预期的效果密切结合起来，改变长期以来钱跟人走的经费分配方式，转向钱跟事走，用钱去有效地办事。

事前绩效评估即是在明确了绩效目标后编制出实施方案，由独立的第三方专业机构对其实施的必要性、可行性、有效性、可持续性、存在的风险等进行公开、公平、公正、科学、规范的评估，对方案预算安排等方面进行综合的评估，从而推进经费投入和管理科学化、精细化，提高经费使用的合理性和预算的科学性。

过程监督主要是对经费使用过程的关键点进行监督，要求经费的使用方严格按照经过论证、评估的方案用钱，防止"跑冒滴漏"、偏离目标、偷工减料、改变用途、弄虚作假等。

事后审计则是依据工作方案以及过程中的记录材料对全过程进行审核、检查、总结，并对责任人的工作作出评定，若未实现目标或过程中发现违规则应追究责任。

有了这些制度保障，才能有效地保证教育经费使用得当，同时也能控制成本、节约经费，提高经费使用的效率和效益。但目前国内仅有少数地方开始建立和使用这些制度，例如北京自2010年开始试行教育经费使用的事前评估，由财政部门委托有资质的第三方公司出面请相关专业的专家、人大代表、政协委员对教育经费支出项目进行事前评估，并初步取得明显的效果。目前多数地方尚未开展类似的制度建设，使得加强教育经费的管理缺少着实的制度基础，缺少规范的工作模式，难以保证经费投入与政府政策目标一致，难以保障财政资金投入的有效性、可行性，也难以有效控制经费投入风险。

三、建立看得见的教育财政管理、分配体制

教育是基本民生，政府在教育方面提供的是公共服务，其中义务教育阶

段提供的更是纯公共产品，教育经费分配、使用的各个环节是没有什么不能公开的，也是应该向纳税人公开的。教育经费分配和使用过程的公开是推进政务公开，提高预算安排的透明度，提升政府公信力的有效措施之一，也能有效推进教育的公平和均衡，提高教育行政部门和学校的工作效率。在这方面应着眼于大局和长远，积极推动以下制度的建设：

一是对社会质疑的回应制度，如乱收费、择校收费、不同学校间的经费分配不均之类社会质疑的热点，应由相关学校或部门直接公开相关情况，以回应社会的质疑。

二是逐渐推动学校和教育主管部门建立面向社会的年度财务报告制度，让纳税人明明白白地知道教育经费的来源、多少、如何使用、效果如何。报告应提供本年度经费收支的明细，从而有效防止各级政府或相关部门对教育经费的恶意截留、挪用、侵占，防止各种灰色的教育经费收支，让教育上的钱用在明处，这本身也是教育自身健康的教育价值在行为上的一种必要体现。

三是进一步严格教育经费的预决算制度，使政府和学校的收支行为得到有效的规范和监督，把全部的教育经费列入预决算程序，制定全口径精细化的教育财政预算，尽力减少直至最终取消各类教育专项经费，保障公众对教育经费预算的知情权，让教育经费预算变得更加公开透明。

四是建立公众通过一定的程序参与教育经费的分配、使用和过程监督工作的制度，转变政府是唯一决策主体的观念，改变长期以来教育决策过程中"受益人缺席"的状态。让有代表性的各个利益相关方表达诉求，直接参与教育经费的决策，将会有效提高教育经费决策过程的合理性，也能有效促进教育公平的共识产生。

由上可见，改善教育经费的管理，提高经费使用的有效性，严明的财经纪律是基础，强化政府绩效目标管理是突破口，建立透明的教育财政管理、分配体制是保障，必须从上述三个方面同时发力，才能收到公众期望的效果，才能真正办成人民满意的教育。

频繁装修戳中教育经费投入漏洞

"近些年国家对学前教育的投入在快速增加，幼儿园把投入多数用在了基础建设上，有些幼儿园有了钱就频繁装修，对孩子的成长不负责任。我建议政府应该对幼儿园装修的次数、时间间隔以及装修后多久可以开班作出要求。"北京师范大学教授冯晓霞在一次座谈会上说。(《中国青年报》，2015年5月20日)

事实上，学校频繁装修的问题不仅出现在学前教育阶段，也不仅仅折射出如媒体所说的"现代化陷阱"。问题在于：随着教育投入的增加，教育经费的使用方向和绩效问题越来越凸显，我们必须直面怎么花好每一分钱的问题。

从过程上看，出现这类问题有其必然性。在教育经费极度短缺的情况下，经费投入主要解决"人头费"这类最基本的需求，满足这样的需求不需要太多专业评估，钱花出去似乎没有太大错。而当教育经费保障水平超越了满足最基本的需求的层次后，依靠原来的方式进行经费投入就必然出现盲目低效的问题。

依据我的了解和调研，造成教育经费使用低效的主要原因，一是不少地方缺少对当地经费需求的深入分析，用抽象的"均衡""现代化"等概念掩盖了具体问题，从而导致教育经费没有用在刀刃上；二是在经费分配上依行政切块的现象严重，绩效目标不明的经费流向，其使用绩效自然难以提高；三是预决算走形式，规范、制度不健全；四是教育经费分配使用过程不透明。

总体而言，现有教育经费的投入和分配过于依赖行政体系，而行政体系本身对教育经费投入水平提高以后的教育发展需求缺乏全面、深刻的了解，在多项需求面前缺乏判别和选择能力，于是在不少地方，教育财政经费用来干什么不甚明确，软件提升等需要做的事又没有做起来。

随着财政教育投入提升到新的水平，亟须建立与之相对应的分层经费投入筛选机制，对于人员工资等刚性投入依据相关政策实施外，需要大幅增加较高层级的专业发展性投入。而这部分教育经费如何用好管好，关键在于建立相对独立的专业评估机制，通过规范的事前评估、过程监督、事后评价审计来有效提高经费使用绩效。

从长远发展看，提高教育经费投入的绩效需要建立并把好几道关。第一道关是教育经费投入全口径进入预决算，不留死角和漏洞，分清基础刚性投入和专业发展性投入。第二道关是专业发展性投入必须经过专业组织的预评估，用钱的部门在明确了绩效目标后编制出实施方案，由第三方专业机构请相关专业人士、社会代表对其实施的必要性、可行性、可持续性、存在的风险等进行公正、科学的评估，未通过评估的不能投入。第三道关是公开透明，推动学校和教育主管部门建立面向社会的年度财务报告制度，经费的使用方严格按照经过论证、评估的方案用钱，防止"跑冒滴漏"、偏离目标、偷工减料、改变用途、弄虚作假等。第四道关是事后评价审计，依据工作方案以及过程中的记录材料对全过程进行审核、检查、总结，并对责任人的工作作出评定，若未实现目标或过程中发现违规行为应追究责任。

简而言之，我们要改变长期以来钱跟人走的经费分配方式，转向钱跟事走，建立专业机制保障，用钱去有效地办事，这就是提高教育经费绩效的简单原理。

专业权力空虚致论文买卖有机可乘

有媒体报道，买卖论文已经形成了一个分工明确、上下游产业链清晰的巨大市场。的确，论文买卖在当下是客观存在的现象，而且还在不断膨胀，甚至发展成像超市购物那样便利，有人估测年销售额达 10 亿元以上。

有人将这种丑恶现象归因于评职称、拿学位、申报科研经费，甚至出国、选院士或拿学位需要论文等方面，这样的说法其实是为那些写不出质量合格论文的人找借口开脱。其他国家专业人员的评级升职也需要论文等研究成果作依据，为何就少有作假和买卖现象呢？

深入分析论文买卖现象，关键点有两个，一是个人的能力和品德，二是专业的权力能否充分有效地发挥鉴别作用。

从个人能力和品德方面看，如果一个人能写出合格的论文，就不会花钱去买论文。如果一个人品德是端正的，即便他写不出论文，也不会花钱去买。如果这两个条件具备了，论文就没有买方市场，就没有需求方，就不会存在买卖。

一个专业权力能充分有效发挥鉴别作用的社会，能有效封堵住那些不具备相应能力且品德不端的人的冒险行为。专业权力可在以下环节发挥作用：一是作者身份的相符性。学校对学生的专业研究领域的了解，用人部门对在岗人员工作领域的了解，是识别论文买卖的第一道防线。如果这道防线的专业权力能有效发挥作用，就能挡住一大批买卖论文的现象，也能杜绝那些所谓的"211"院校在读硕士、博士和高校老师为主的论文写作团队。

第二个环节是学术成果的发表环节。论文贩子所宣称的"稿子质量根本不用担心"，只有在专业权力行使不到位的情况下才能成立，没有相关期刊编辑部为了自身小利开后门，就不可能形成专业写手负责编写论文、网站中介充当掮客的巨大市场。而建立严格的专业编审制度，严格依照专业程序审稿，由品行端正的专业人员把关，就能切断这条产业链。

第三个环节就是论文的使用环节。假币用不出去是由于收币人要检验，如果在学生的毕业评定、课题评审、在职人员的职称评定和其他需要使用论文的学术评价中，由专业人员对论文本身的真假和学术价值加以评定，买卖来的论文几乎很难通过审定，不能实现买论文者所希望获得的价值，论文买卖的市场也就不存在了。

既如上述分析，让专业权力发挥作用就万事大吉，其实没那么简单。造成专业权力大范围内失去效力的根子在于现有科研管理和评价体制的过度行政化。若进一步追究那些拿钱买论文的人，很多不是自己掏腰包，而是以各种名义通过行政权力的掩护变相报销了，所以他们才舍得出此高价。

长期以来，行政权力越位直接控制了科研的管理和评价，使得这种管理和评价缺少专业性：一方面难以鉴别论文是作者写的还是买来的，即便有人看出论文是买的，相关当事人还可以通过行政权力把事件摆平，这就使得买卖论文的人如入无人之境，使得这种现象无法得到有效的识别和禁止。另一方面，现有行政主导的科研管理体制使得那些写不出像样论文的人却能依仗行政权力获得财政的科研经费，而那些有能力做科研写论文的人无法获得足够的科研经费，他们就成为灰色论文买卖的供需双方。

所以，从根子上杜绝论文买卖现象不能靠简单的打假，而需要改变现有过于行政化的科研管理和评价体制，落实专业权力的地位，使其充分发挥在科研管理和评价、鉴别过程中的作用。这也意味着政府要放权，不要对专业的事项采取行政的方式进行管理和评价。

需要从源头上消除代写论文的需求

2014 年，网上有篇《难就业硕士研究生毕业后开代写论文网店》的文章引发多方关注。

坦率地说，这篇文章是一种误导。文中以专家点评的方式将代写论文与就业难进行因果挂钩，显然是说不通的。曾经就业不难的时候不也有代写论文的现象吗？甚至其他国家也有代写论文的现象。另一方面，又以另一位专家的名义说代写论文不违法，这就好似对那些代写论文或想找别人代写论文的人说："妹妹你大胆地往前走！"

更令人感到蹊跷的是这两位冠以北京师范大学、中国政法大学教授和博导的"专家"都有姓无名，是说者害怕自己的话见不得阳光而有意隐去真名，还是该稿的作者故意编造之后再假借大学教授的名义去蒙人呢？希望读者作一番辨别明鉴。我甚至大胆猜想此文就是代写论文的人所做的广告，希望有更多的人去小心求证。

的确，当下对代写论文没有细致具体的法律条文规定如何惩罚，但这是不道德、不光彩的事，应该毫无争议。在这种情况下，完善相关的法律法规当然是需要采取的一个方面的措施。对这种现象，需求决定存在是基本法则。若有强大的需求，再明晰的法律条文也不能杜绝；如无此需求，又何需法律条文呢？

消除代写论文的需求首先要从每个人的内心开始。当你有这种现实需要的时候，或者在某个特定的时间交不上论文的时候，一定要明了挂上自己名字的文章将伴随自己一辈子，是真是假不只是要过眼前的关口，在你人生的任何一个时候都可能被揭开真相。如果你的人生是平平凡凡一辈子，真相被揭露的可能性就较小；如果你真有雄心壮志，或真的踏上远大前程，真相被揭露出来的可能性就较大，这就等于在自己人生旅程上安装了一枚定时炸弹，何时爆炸已经由不得你了。真正意识到这样做的风险，才会压制直至消除请人代写论文的邪念。

消除代写论文的另一个重要环节在于相关当事人的把关，比如某学生的导师，只要尽了责任就应该知道自己的学生能够写出什么样的文章，就能辨别出学生的论文是不是代写的，若是，就有责任去阻止。不加以辨别，或不加以阻止，都属于没有尽到责任，一旦将来东窗事发都应被追究责任。类似的相关当事人还有父母、同学、报刊编辑以及与文稿编发评审相关的人。

就拿那些代写论文做成生意的人来说，也是存在风险的。既然你有能力代写论文，无论你是否有就业或其他方面的困难，都应该明了自己运用自己的能力可以对自己的未来进行两种不同的投资，一种是缓慢却可能是正向的投资，而代写论文恰恰是另一种回报或许较快但负向的投资。若你不想将代写论文作为自己的终身职业，现在代写论文的经历便为自己未来的人生旅程装上了一枚定时炸弹。

正因为此，无论是代写论文还是被代写论文，都会给自己未来的人生旅程添设不必要的障碍。花钱买别人的论文就是花钱给自己买污名，不管是否违背现有的什么法律法规，它都是学术不端行为，是违背良心的，会让你一生一世不得安心。

PART 3

第三辑

叩问教育公平

教育公平恶化

本世纪初，中国政府和社会就形成了推进教育公平的初步共识。从2003年至今，每年的政府工作报告中都会提及教育公平。教育公平是这些年的政府工作报告中有关教育部分的主线。

2011年，中国各级政府为实现教育公平采取的措施包括：启动"农村义务教育薄弱学校改造计划"，加大实施"农村义务教育阶段学校教师特设岗位计划"，共聘用特岗教师49870人，覆盖21个省份到16536所农村学校。

然而，当前中国教育公平的问题依然不胜枚举。在某些地区和领域，教育公平状况有所改善，而在另一些地区和领域则继续恶化。

令人担忧的是，实现教育公平的制度环境尚未稳固建立。社会贫富与权力差距继续扩大，按权力大小择校与按付费多少择校的现象愈演愈烈。一些地方的择校由"小升初"延伸到"幼升小"，甚至延伸到选择幼儿园；一些中小学就近入学的学生比率不到20%；有些地方在"城乡一体""教育现代化"的口号下，大幅撤并乡村学校，只办城里的学校。

2011年，多起与教育公平相关的事件引发全社会关注。"寒门再难出贵子""血色校车""15年免费教育""打工子弟学校被关"成为互联网上热议的关键话题。农村教育日益衰落，城市教育等级化，流动人口子女难以在就读地参加高考，凡此种种，都显示教育公平问题依然严重，并且仍在恶化。事实表明教育公平问题依然严重，多年来的相关政策并未实现在教育公平方面迈出所谓的"一大步"，而仅仅是踮步。

一、中国教育不公平的主因

中国教育不公平的原因，主要来自两个方面：一是各地发展不均衡，东部与西部之间，城市与乡村之间，同一地区的不同乡村之间，乃至同一乡村的不同学校之间，都存在较大差距；二是不同群体之间的权利不平等。

由于贫富差距、区域差距、权力结构的等级差距、区域间的政策差异等多重因素的影响，当今中国社会不均衡的状态普遍存在。这种不均衡在教育领域也有充分体现。

从幼儿园入园开始，各级学校的入学都体现了"官本位""金本位""分数本位"的社会价值取向。进重点小学、重点中学、重点大学要么依据权力大小，要么依据缴费多少，要么依据分数高低。这一过程本身不断复制着不均衡，也不断复制着教育不公平。

目前家长对子女教育的焦虑感主要基于在不平等的社会环境中争做"人上人"的现实考虑，以致在"拼爹"的同时，恨不得让孩子一出生就进入竞赛。这是一个既有社会状况客观设置的巨大陷阱，在择校、升学、就业以及就业后的上升机会等各方面都有所反映。随着进入新世纪以后中国社会的贫富差距、城乡差距不断加大，这些压力都传递到了孩子身上。

解决上述问题的关键在于协调各区域发展，建设人与人之间权利更加平等的社会，加快社会民主化进程。如果不能迅速建立整个社会的平等，也应制定相关措施，保障学生学习权利的平等。

在美国，一些州制定了针对本州居民的退费政策。例如在加州，本科生前两年的学费可以退92%，后两年可以退70%左右；对于研究生，一门学费1000多美元的课程可以退300多美元。还有一些州根据学生的家庭收入确定收费，家庭收入低于一定标准者可以免费就学，家庭收入越高，收费比例越高。这样可以在一定程度上减轻孩子由于家庭条件的差距而产生的压力。此外，美国在入学方面实行平权法，即按照种族比例招收学生。比如，大学要根据平权法招生一定比例的黑人学生。

二、现有教育评价和管理体系的误区

当今中国，一些人把公平的希望片面寄托在高考上，理由是：没有高考，你拼得过官二代、富二代吗？单一标准的扼杀人性和创造力的考试，再次被越来越多的人认为是"最公平"的办法，结果是将社会多重矛盾转化为对个体的压力，集中到孩子身上。

人类在漫长的进化过程中，形成了每个个体不同的个性和特长，这种个性和特长经过一代代的遗传，差异越来越大，越来越具有多样性；同时，社会的发展，尤其是信息化的发展，使得社会对个体能力的需求也日趋多样化。个体的多样性与社会对个体能力要求的多样化，原本可以通过一定的选择过程相互配合。

那种将公平的希望寄托在考试上的想法，乃是基于一个错误的前提：试图依照流水线的程序，以单一模式和标准来培养人。本来，按照人的天性和社会的需要，教育以及对教育的管理和评价应该是多样的。然而，现有的教育管理与评价体系却是单一的，并且将这种单一性强加于社会，强加于教师、学生以及所有与教育相关的人群。教育管理与评价的单一性，阻碍、抑制、伤害了个体的发展。对此，不少追求教育公平的人士尚缺乏清醒的认识。

除了强制将多样性转变为单一性，现有教育管理与评价体系的另一弊端，在于将个体天生的主动性强制转变为被动性。

过多的课程，题海战术，长期只进不出的课堂灌输，习惯化的只听不讲、只听不想、只听不做的课堂教学模式，以标准答案为唯一正确答案的考试，各种各样的补习班，并非真实体现孩子兴趣的各种兴趣班，为了各种外在目的而举办的竞赛，凡此种种，都使个体的主动性不断消耗，被动性不断强化，最终形成被动型人格，一旦没有人要求他（她）做什么，就会感到无所适从。

当这种压力足以毁损大多数个体，并且产生这种压力的源头已经固化成为一种制度的时候，就不能不引起我们的深刻反思。对于和人性成长发展规律相悖的教育评价与管理体系，有必要予以彻底改革。如果一种看似公平的机制有悖于人性成长发展规律，损害人的正常成长发展，那么又何必追求这种公平？

三、教育公平的起点

在一些现代化国家，由于人与人之间的基本权利已经接近平等，通过教育提升社会阶层的需求大大降低，就能够依据学生的实际需求，对教育予以评价、设计、管理和实施，这更符合教育的内在规律。

教育公平的真正起点，应当是落实人与人之间的权利平等，建立成人社会决策公开、程序公正的制度，而不是把压力强加到教育者和孩子身上。

"十二五"规划纲要明确指出："实现教育公平的主要责任在政府。"地方政府的政绩竞争，客观上造成了社会公平环境的恶化。恶性择校现象事实上是政府与优势学校、优势社会阶层形成利益共同体的结果。阻止权势、财势在获取教育机会的各个环节中暗箱操作，需要政府行为更加透明，也需要政府在切实保障和改善民生的同时，将其执政理念扩展到毫不含糊地保障"民权"。

教育公平的道路显然是漫长坎坷的，每个公民都应对此作出力所能及的努力。

"入公热"只会推高"入园难"

　　2013 年，广州某区教育局通知："教育局收回 19 所配套小区幼儿园的场地，重新开办公办幼儿园，原址的民办幼儿园注销。"这一幼儿园急行"民转公"的做法只是个例，但在业界引发了广泛热议。深入分析，这件事的发生并非偶然，一些地方把"大力举办公办园"作为自己的目标，并将公办园比例作为政绩考核的依据，其他各省市也出现了类似的挤压私立幼儿园的现象。

　　2012 年全国学前教育毛入园率达到 64.5%，增加学位和保障公平普惠依然是主要工作目标。在学前三年幼儿教育尚未实现普及的情况下，学位不足与资源不均衡是当下幼儿教育实现公平普惠的主要障碍，政府对民办幼儿园的挤压既不能增加学位，也不能实现更广泛范围的公平普惠，显然与十八届三中全会精神及《规划纲要》相违背。

　　依据 2011 年和 2012 年全国教育事业统计，民办幼儿教育事业依然是幼儿教育的主要增量，2012 年在园幼儿在民办园中就读的占 50.27%。从理论上说，在幼儿教育未接近普及前，公立幼儿园与私立幼儿园的发展几乎不存在相互争夺生源和资源的矛盾；在接近普及的状态下，生源和资源的有限性、唯一性必然引发博弈过程。很多地区正提前进入这一过程，背后深层原因在于政府站位和思维方式不当。

　　当前，不少地方政府对公办园的信任度高于私立园，很多公办园有较长的办园历史、有较多的财政支持，表现为质量较高、收费较便宜，受家长欢迎。此外，长期形成的对私立学校的歧视意识和相关政策并未彻底消除，财政经费进入私立幼儿园依然存在体制和政策屏障，各地学前教育三年行动计划带来财政投入的大幅度增加，增加的经费也主要用于新建公办园。上述原因导致进入公立园就自然能享受到政府的财政资助，进民办园则要由家庭支付所有费用，于是引发强烈的"入公效应"。这种"入公效应"推高了"入园难"，也为各地举办公办园提供了现实的理由。

然而，依据我在北京的调查，在一所公办园所办的分园里提供一个学位，每年需要财政投入3万元左右；如果以南京幼儿助学券（适用于公立园和私立园）的方式解决普惠问题，这3万元能够解决十余个幼儿学位，这样既缓解了入园难，又扩大了普惠面。南京市仅用3亿元就取得了全国范围内最为明显的公平普惠效果，既在一定程度上减轻了适龄幼儿家庭的费用负担，又有助于引导无证园及薄弱园按照要求改进提升，大大增加了普惠学位，就是有力的证据。

事实上，北京一些公立园的年生均财政经费远远高于3万元，依靠"大力举办公办园"的方式，在财政资金进不了民办园的情况下，只要有一个人进不了公办园，依然会有人要排队挤进公办园，如此不仅导致公共财政资金使用的低效和远离绩效目标，还将导致公立名园门前排队现象日趋严重。

有鉴于此，各级政府需要依据十八届三中全会的精神，一方面立足于幼儿园的广覆盖和保基本，着眼于解决那些最急需解决的普惠性问题；另一方面要转换思路，放权鼓励公民并举，依据幼儿教育需求总体上的多样性，唯有适度竞争才能有效满足的特点，打通并拓宽财政资金进入民办园的通道，保证私立幼儿园在使用公用经费时能够公开、透明、可核查，实现公共财政资金的效益最大化；同时，积极推进政府管理体制变革，实行幼儿园的管办分离，努力创建公办民办适度竞争，开放、公平，有效率、有选择性的幼儿教育保障体系。

公平是对所有人都有利的安全机制

从2008年到2012年，北京报名参加高考的考生数由12万下降到7万多，下降幅度将近40%，而同期北大、清华等全国性重点大学在京招生指标基本保持稳定不变。若考虑到部分人选择到香港及国外高校就学，北京考生进名校的机会依然是在加大。这一状况成为举国关注的高考招生公平问题之一。

在这样的大背景下，清华大学2012年比前一年减少18个在京招生指标，重点将招生计划向高等教育欠发达且生源数量相对较多、升学压力较大的中西部地区倾斜，相当于减少了8%的在京招生数。同时，依据教育部要求，北大、清华大幅度减少了自主招生加分认定人数，没有加分的考生有比往年更多的机会。这些措施是在高校招生中切实推进公平的一个举动。

教育公平是近十余年全社会关注的问题。相对于原有的不公平状况，推进公平的关键在于为所有人创设均等的机会。理论上说，它是对全社会所有人都有利的。同时，由于在公平的机制下，减少了人与人之间由于不公平造成的妒忌、敌视、防避心理和行为，因此公平又是整个社会最安全的机制。

在由不公平到相对更加公平的过程中，可能少数人在不公平状态下获得的利益受到影响，因为用公平的尺度来衡量它原本就不该属于你，但在旧有机制下它又是属于你的。面对这种情况，一些人在推进教育公平的措施面前犹豫起来了，甚至有些抵触情绪。这种情况成为推进教育公平过程中遇到的现实障碍，尤其是当这种情况发生在那些掌握着一定决策权力的人身上时。

切实解决这一问题的可持续的机制是在社会的更广泛的范围里实现权利平等，这是一个社会系统设置的问题，已经超出了教育管理范围。就教育公平而言，对不符合公平的那部分权利的让渡是会以另一种方式得到补偿的，其中最大的补偿就是整个社会会因此变得更和谐。和谐的社会环境将会惠及其中的每一个成员。真切明白这一内在逻辑关系才能彻底化解可能遇到的各种阻力。

从技术层面解决这一问题，关键在于使每一个环节都更加公开、透明，让权力在阳光下运作，让变化发生在公众可以看见的桌面上。

应该说，清华、北大的做法确实是在招生上向公平迈出了一步，这一步值得肯定；同时，相对于全国人民的关注来说，这一步依然还难以满足公众的期待，也不能说高校招生的公平就此大功告成了。即便就高校招生这一个环节来说，将全国各地的升学率一比较就一目了然，实现全国范围内的高考招生公平依然有很长的路要走。

面对这种现状，政府、高校、公众和其他方面的唯一选择就是明确目标，沿着这个方向坚持不懈地继续走下去。

教育资源配置不公的改善途径

中国很多的教育资源配置问题不是短期形成的，而是长期积累起来的。长期以来，教育资源配置就是很不公平的，存在很多问题。

一、教育资源配置存在哪些问题

教育资源配置存在的问题，可归纳成几个方面：一是学段间不均衡，叫作"大大小小"，即大学多、小学少，越是基础教育得到的钱越少。这个问题在上个世纪六七十年代就提出来了。二是人群之间不均衡，叫作"少多多少"，即少量的人拿到更多的钱，但是大多数人拿的却是很少的钱，这个问题直到现在还存在。三是不同学校之间差异很大，"重多普少"，重点学校、示范学校可以拿到很多经费，而且分配是梯级的，即便在一个乡里面，学校间也是如此分配。此外还存在区域间的不平等，即"城多乡少"，城里面经费很多，而乡村教育经费实在太少，使得教师不愿意到乡下工作，收入太少。为什么出现这些问题呢？很大程度上是因为责权不清，资源好像是可以任意分配的，没有规范，资源的所有权、使用权、债权都不明确。

从 1994 年以来各级教育生均校舍的变化，可以看出来投入最多的仍然是普通高校，但对普通高校的投入实际上也在下降，投入最少的小学部分，有一点点上涨，不过幅度很小。所以，我们虽然普及了九年义务教育，但仍是低层次的普及。这背后体现的什么逻辑呢？事实上，钱来源于何处直接跟钱的数量相关。如果从中央拿到钱，可能拿到很多钱；如果需要从省里拿钱，就相对少一点；从县乡里拿经费，更少。资源分布跟资源来源直接相关，资源来源的层级高，得到的资金就多一点，层级低就少一点。高校亦如此，部属高校和省属高校差异很大。

从 1994 年各级生均图书变化情况看，整个都是下滑的，包括高校也在下滑。这些年来教育规模增大了，但是相对来讲图书量没有太大的变化。

幼儿教育同样如此。全国幼儿教育阶段的学生和教师总数占各个学段学生和教师总数的 9%，但是幼儿教育经费仅占总的教育投入经费的 1.3%。所以，《规划纲要》中对幼儿教育写得较多，经费会有很大增长。当时在做这个纲要的时候，我参加了幼儿教育这块的讨论，提出一个明确的目标，即幼儿教育经费应该提升到整个教育经费的 9%。而且我认为，新增幼儿教育经费首先要解决哪些地方没有幼儿园问题，解决布点问题，如果新增经费用来办示范园，那么又会导致新的资源分配不均衡问题。

分析 1993 年以来各级教育生均教育经费变化的数据，经过资金等值折算后，可以发现经费变化这条线不是上升的，而是在下降。所以，整个教育经费存在不足的问题。长期教育经费不够，采取的办法就是借债，而且借的是没有明确债权的账，都是糊涂账。老百姓出于让自己孩子上学的原因，还是把这个钱掏出来了，最后这个钱就打水漂了，根本算不清楚账。全部算起来中央政府承认的义务教育的债务是 500 亿元，但是实际上远远超过这个数字，因为很多账算不清楚。

二、为什么会有这些问题

那么，这些问题存在的根源是什么？

首先是条块分割，是这个条的不可能切到另外一条，是这一块的切不到另外一块，难以共享。实际上从 1954 年到 1978 年，中国一直实行一个基本的教育管理政策，叫作统一领导、分级管理，这个框架直到现在也没有变。这样一种教育经费负担机制，本来要实现条块结合，可是条块之间很难结合，条条还是条条，块块还是块块。这样一来，不同地区的经济发展水平不一样，在上一级中的权重不一样，所以就导致经费分配不均衡。

有些地方甚至说，教育部是东部教育部，是高等教育部，不是基础教育部，东部话语权明显高于中西部。有人曾质疑，为什么保送生里面东部名额那么多，西部就很少？这就是话语权不一样导致的结果。

第二个原因就是来源多途，而且难以均分。不同来源有财、税、费、产、社、基，且来源决定了数量，中央给经费的和地方给经费的，多少肯定不一样。这几块之间不是融合在一起的，差异很大。

第三个原因是大灶小灶。我们的财税体制是分灶吃饭，谁来掌勺是非常重要的因素。由于分级办学，分灶吃饭，最终的结果是：跟掌勺人关系好的人，就可以拿到更多的钱，即依照跟当权者的关系来分配资源。在现有的状况下，掌权的人不想分权，这是现在最严重的问题。

还有就是缺乏监督，耗费过高，尤其是行政耗费过高。教育行政开支到底多大？现在没有严格统计，没有办法做清楚的统计。举一个例子就明白了。比如，某小学要进一个教师，这个本来是校长可以决定的事，但是这个校长不敢定，要跟镇长汇报，镇长说这个事他定不了，要找县长、书记来定。这样一来就使得本来是一个学校正常的权力，结果要经过县，使得教育行政经费开支没有明晰的一本账。我估计，现在讲百分之三点几的教育投入，大约有百分之一点几或明或暗地用在行政这块了，而直接用于教育教学的太少。

针对当时教育经费在行政环节流失太多的问题，1959年国务院批转教育部、财政部《关于进一步加强教育经费管理的意见》。但是发这个文件能解决问题吗？很多财政投入算在教育经费账上，实际上并没有用在教育上，这是很严重的问题。

还有一个是钓鱼。"钓鱼"这个词是上个世纪80年代用起来的，当时有一个说法叫作政府出饵，引起动机，地方出鱼。教育经费不够怎么办呢？政府给你一点。因为中国人非常重视孩子教育，所以你只要出点饵，他就会上钩。我们政府部门也看中了这一点，就采取了这个办法。比如小学要重建的时候，要25万元（这是80年代的数字），县教育局给你3万，另外的学校自己出，校长自己想办法。

现在鱼还在钓，不仅一个地方钓，全国各地都在钓，钓得老百姓越来越难受，钓出了教育这座大山，教育费用很高、很多。我们总讲上学难、上学贵，这个问题怎么解决？

三、如何改善教育资源配置问题

我在各个地方作了近30年的实地调查，感觉心情很沉重。我认为，首先要细化明确教育资源的权限。教育资源到底属于谁？属于政府。但是用起来，只是极少数有特权的人在用。所有权不明确，享受权不明确，分配权也不明确。

其次，要明确每个人在不同学段享受公平教育资源的最低限额和最高限额。现在的情况是最低限额和最高限额差异太大，不同人之间有成百上千倍的差异。比如对于义务教育阶段的学生，明确最低不能低于多少，最高不能高于多少。

第三，要加强对教育行政权力的监督，尤其是对教育资源分配的监督，逐步公开、透明，即每有一笔新的教育资源的投入，都应该公布分配的程序。不能总是几个人私下里议一下，有时不是几个人，甚至就是一个人敲定给多少。有些领导很智慧，智慧在哪里呢？这笔钱已经有了，但是怎么分配还需要讨论，接着各个地方就"跑部钱进"，他拖得越久，这个"跑部"的效益越高。本来这笔经费2月份应该到各个学校里面，现在这笔钱到了，领导拖到6月份再给，那么从2月到6月这一段时间，各个学校都要去向领导跑关系，这样就产生很多灰色的问题。

第四，尽快推进学校事业法人制度建设，要依法民主管理学校，即学校跟政府的关系一定要有一个明确的界限。在学校内部包括钱怎么用、人怎么用，一定是民主决定，大家讨论的，不应该是某个人决定的，但是现在完全不是这样。尤其是很多农村学校，校长权力也不算大，但就是一个土皇帝。

此外，在义务教育阶段，现在已经提到省级统筹了，我认为应该建立全国共享的教育资源平台。如果符合条件，应该让偏远地区的学生通过一定的渠道和方式享受优秀的教育资源。

教育资源配量的改善是一件很复杂的事，但我认为，解决这个问题，最终还是要靠建立小政府大社会，建立民主的管理体制。

走出教育公平的观念误区

　　教育公平成为当前教育实践中讨论得比较多的问题，可以肯定地说，目前中国的教育确实存在不公平，不公平是中国教育中的突出问题，必须予以重视并加以解决。然而从近来所闻所见的有关教育公平的讨论中，可以读出人们对教育公平存在观念上的误区，这些观念误区既存在于家长、社会、教育管理者、教师之中，也存在于一些教育研究者头脑中，不仅不利于真正的教育公平的实现，还可能导致实现教育公平的道路曲折以及教育人力和财力的浪费，个体成长出现不必要的挫折。为避免这种不必要的损失，这里揭明这些观念误区，并试图建立尽可能反映教育规律与特征，符合实际的教育公平观。

一、质疑当前教育公平讨论中的若干命题

　　从目前有关教育公平的研究报告、报道及其他文章、言论中，可以发现人们讨论问题时通常有意或无意地使用以下假定：

　　一是对于教育公平来说教育观念发挥的作用不大。

　　表现形式便是众多讨论教育公平的文章几乎都热衷于讨论措施、方案，而对教育政策、法规、制度、管理行为、经费分配、师资调配等都会发生影响的教育观念很少涉及，没有从起点、根源和基础上寻求问题的解决之道。这说明教育公平观念的重要性还没有得到适当的重视。

　　二是进同样的学校享用同样的教育经费是公平的。

　　典型的表述方式有："××进了重点校，而××进了普通学校"，"××

年生均教育经费数千数万元，而××只有几十元"。于是大家都争着上重点学校、重点班，出现就学移民，争着缴高额择校费。

同样都是学生，有的人进了好学校，有的人进了差学校，而且好校差校都是政府建的；有些人享用较高的经费，有些人享用少得可怜的教育经费，钱多钱少都是政府给的。即便扣除因经济发展水平不同而引起的消费水平的差异，也应该说这种教育肯定是不公平的。然而不能因此就认为大家都进同样的学校，享用同样多的教育经费，教育就公平了，这只是实现教育公平的一小步，这样的教育公平观在目前比较流行，却比较肤浅。

三是不同的人所说的教育公平内涵是一致的，可以相互引用。

典型的表现是在各类文章中一见到"教育公平"这个词，大家习惯相互引用，较少去追问其中所说的教育公平内涵为何。

事实上，不同人所说的教育公平内涵不同，若对说话者加以分析，现今使用频率较高的教育公平可分为三大类：其一为媒体话语，它追求新闻效应，目的在于揭露事实与问题；其二为社会问题话语，它集中关注权利，目的在于变革社会不合理的存在；其三为教育话语，它关注个体发展，目的在于尽可能使每个不同的个体获得适合其个性的发展。谈论教育公平时必须明确自己使用的是哪一种话语，哪一种教育公平假定，这种公平假定是否立得住，否则不分青红皂白混乱引用便会语无伦次。这说明如何从概念上界定教育公平尚有待研究。

四是教育公平的主要问题在于教育外部和形式。

谈到教育公平大家首先想到的是将热点集中于教育机会、教育权利、教育政策、教育制度、教育法学、招生、评价、公平与效率、公平观、全球化与教育公平、民办学校与教育公平、流动人口与教育公平等方面的问题，或者谈到教育起点、教育过程、教育结果、课程设置、班级管理，而对教育观念、教师态度等很少涉及。有关教育公平批评的热点也集中在教育外部和形式的不公平上。然而教育的内部公平更是直指人的心灵深处，一个人因贫困或歧视而上不了学比他因教育内部的不公平而受到的损害要明显、微小且容易解决得多。社会上积久的、大家习以为常的某些观念和态度使大量的青少年学生丧失信心、失去学习的兴趣，这是教育公平当中更为复杂、损失更为惨重、更难以解决的问题。这样说并非否定解决教育外部公平的意义，而是提醒人们仅看到教育的外部公平是不完整的。这说明教育公平观念的逻辑层次尚未形成。

也许深入分析起来大多数人都能意识到上述假定站不住脚，然而事实上很多人都在言论与行为上有意无意地使用它们，或使用它们的某一个推论。这显示出人们并没有形成完整的、经得起推敲的教育公平观念，为此有必要对教育公平观念进行更深层次的分析。

二、对教育公平观念的进一步分析

教育不公平的问题存在已久，近些年由于人们的公平意识增强、社会变化剧烈、贫富差距拉大，社会公平问题凸现出来。教育是社会的子系统，教育不公平是社会不公平的体现，教育公平问题作为其中的一个重要方面备受关注。教育公平可分为外部公平和内部公平两部分。

外部公平也叫宏观公平，内含教育机会均等、教育权利平等、代际转换机遇均衡。外部公平是教育公平的基础和前提条件，或者说是一种形式公平，它更多关注的是社会问题，不能通过教育的方式来解决。

内部公平也叫微观公平，内含教育观念公平、教育目标公平、课程设置与选修公平、评价公平、教学过程公平。其中过程公平又包括起点、程序、结果公平。内部公平是教育公平的内质和精髓，或者说是一种质性公平，体现教育公平的教育学特征。实现教育的内部公平比实现教育的外部公平要艰难得多，它应该作为比实现外部公平更高一级的目标追求，但不能因此认为可以先实现外部公平，再实现内部公平，而应该将它们作为一个整体求得实现。

若转换一个角度，教育公平又可分为观念公平、政策公平、法规公平、制度公平、措施公平、教育教学行为公平。观念的公平是其他各方面公平的起点和基础，当人们批评重点校、示范校政策时，应该想到精英教育观念是它的起点，也是维持这种学校体制存在的基础；人们认为择校收费不公平，它的起点是家长存有"不能让自己的孩子输在起跑线上"的观念以及"进好学校我的孩子发展必然更好"的假定，这推动家长为自己的孩子选择条件好的学校；即便是大家最为关注的老少边穷地区和弱势群体的入学困难，也与观念上认识不到位直接相关。

通过上述分析可以看出，更新教育观念应当是当前推进教育公平的起点，追求质性公平应当是当前推进教育公平的难点和重点。攻克这一难点和重点首先要有教育公平的观念，而目前还不能说全社会都有教育公平观念，反而存在着诸多阻碍教育公平的观念障碍。

三、现有教育观念对教育公平的阻碍

在形成比较全面深刻的教育公平观念之前，应该看到在长期形成的现有的教育观念中确实存在着阻碍教育公平实现的成分。这种阻碍主要是：

精英教育观。这种观念在中国有久远的根基，"万般皆下品，唯有读书高"便是例证，恢复高考使这一观念得以更深地在教育行政中体现出来。现在它在家长、政府官员、教师及社会中还有很深的基础，他们认为教育的目标就是要培养出精英，其他方面都不能构成教育的目标。这一观念在教育上实施的方式是依据考试成绩对不同的人区别对待，结果便是在培养出少数精英的同时培养出了更多的"失败者"。教育必须培养精英，但教育不能只培养精英。

单纯效率观。效率高者受重视，效率低者不受重视。这种观念看重单位时间和单位成本的工作效果如何，教一个智力较好的学生自然比教一个智力较差的学生效率高，于是学习成绩越好的人就能享用越多的教育资源，学业成绩越差的人就只能享用越少的教育资源或不能享用；教城市中成规模建制的班比教乡村中的复式班效率高，于是城市的学校可以越做越好，出现不少亿元学校，乡村却要调整布局，不顾学生家庭教育成本的提高来减少公用教育经费的支出。于是有了究竟"效率优先，兼顾公平"，还是"公平优先，兼顾效率"的论争。不考虑现实就无法回答这一问题。当前公平问题十分突出，当然必须遵循"公平优先，兼顾效率"的原则。

阶梯式的个体发展观。持有这种观念的人认为个体的发展就像爬梯子那样，所有人都要一个阶梯不少才能攀上更高的境界。那么要公平，就得大家同步走，就得大家依照一定的次序、一样的模式，于是大家就得从自己的孩子上幼儿园开始进行拼抢，接着进好的小学、好的班级，争着让孩子上各种各样的特色班，然后一同挤上独木桥。事实上个体发展完全可以通过一种八仙过海各显神通的方式进行，也应当在这种基础上理解教育公平。

排队观。将对象分成三六九等，对排在队的不同位置者区别对待。学生在班级里排队、班级在学校里排队、学校在其所在的地区排队，一个省市要排出个学校次序，全国的学校也加以排队。排在队的不同位置对于学生来说所享用的公共资源不同；对于班级来说所配备的师资教学设备不同；对于学校来说政府所投入的资金及所给予的政策不同，学校所招收进来的生源也不同。学校与政府间存在泾渭分明的亲疏关系，名曰保重点，实则在制造不公平。

片面教育公平观。持这种观念的人也在大力倡导教育公平，然而他们对教育公平的认识局限于某一点、某一方面、某一措施，或只看到教育形式上的公平，或只看到教育质性公平的某一方面。片面教育公平观最容易误导教育公平推进的方向。

要想获得真正的教育公平，就必须扫除上述观念上的障碍，并在此基础上解决好确立什么样的教育公平观念的问题。

四、在观念上对教育公平恰当定位

教育公平观念具有时间和空间的相对性，试图找到对教育公平观念全面、深刻、系统、永恒的界定是一件很难的事。然而要实现教育公平就必须有一个相对正确、全面的教育公平观念。为此有必要在前文分析的基础上，依据当前教育的实际对教育公平观加以界定。

首先，现在所追求的教育公平是一个教育向前发展的过程，是要向原没有得到教育机会的人提供应该提供的机会，向原没有享用优质教育资源的受教育者提供优质资源，同时消除资源浪费和过度消费。不是要实现绝对的平均，不能用降低标准的办法来达到公平，而是要实现在现有办学及师资水平上的公平，并在此基础上继续提高办学质量和水平。

其次，教育公平观念的核心理念应该是人人都获得既适合其个性和代际转换机会，又能满足社会发展对个体成长的要求的发展。由于每个人的成长过程、个性特点、成长成本等等方面都是千差万别的，所以推进教育公平时确实要注意为所有个体提供相应的发展条件，尤其是政府出资提供的机会与条件应是平等的。但不能将注意的焦点仅仅放在条件上，而应着重看个体究竟如何发展。个体的家庭条件、智力与个性、所生活地区的文化与经济背景决定着他有权自主选择自己受教育及成长与发展的方式与策略，获得适当的发展，即便他在某方面还比别人差很多，也是公平的；假如他没有获得适当的发展，即便他在不少方面都比别人好，也不能说是公平的。

再者，教育公平是政府应向国民尽的义务，而不是一种强制。或者说每一个社会成员都有享受政府所提供的公平的教育机会及相应资源的权利，同时每一个人又有依据自身的实际选择以何种方式，更有效地利用这一机会及相应资源的权利。

此外，教育公平是一种立足点的公平。陶行知当年就提出："在立足点求平等，于出头处争自由。"在这种公平基础上鼓励提高效率，鼓励自由竞争，鼓励学生、教师、学校及地区自主地通过各种方式探索提高教育的质量和效率的有效方式方法。从这种意义上说，教育公平能为更多的人提供更加自由发展的机会，而不应成为束缚教育自由发展的绳索。

最后，教育不公平是社会不公平的表现，是各种（文化、社会、政治、经济）资本长期积累的效果，这种积累有其内在规律，不能采取违背这些积累的内在规律的方式去实现教育公平，因此可能会出现包含公平的不均衡现象，要通过发展解决这种不均衡的问题，而不能采取重新集合排队的方式实现所谓的公平。

确立了上述原则，回观当前有关教育公平问题的讨论，既要肯定争取教育的外在和形式公平的必要性，又要看到必须把追求教育质性公平当作更重要、更实际、更深层、更长远的目标，即更加关注个体是否获得适合其个性的发展。

为此在教育观上要实现阶梯式向登山式转变，排队式向自我定位式转变，将教育看成差异性的过程（不存在两个完全相同的教育起点、过程、结果），要依据个体个性的多样性、社会对人才需求的多样性设立多样化目标，提供多样化课程由学生自主选择，建立自主评价体系，并提供全纳的教育服务。

综上所述，当前的教育不公平是由体制、政策、法规、制度、管理及其他经济、社会多重原因造成的，各种原因或力量可以相互强化和叠加，需要从多个方面加以改革。启动并保证多个方面的改革健全运行，要有一种适合当今社会的教育公平观念。不要指望一次性解决教育公平的所有问题，而应选择从观念转变和确立做起，从身边小事做起，从我做起，逐渐找到更加接近完美的办法。

择校费争议当止于公开可循的程序 [1]

一些地方的重点或示范学校在招生的过程中收取巨额择校费，这是多年来为人们所诟病的现象。

然而，要具体指证某所学校与招生相关的择校收费行为，以及收了多少钱，则是一件很难的事。近日中国人民大学附中校长就该校是否收取捐资助学费一事与 21 世纪教育研究院相关人士的隔空对话，就是一个典型例证。因直接涉及人们长期以来关注的教育公平、腐败与均衡等一系列问题，此次争议引发广泛关注。

争议的双方都有一点共识，认为这种钱是不该收的，收这些钱是不光彩的行为。21 世纪教育研究院以反对收择校费的立场进行质疑，人大附中校长则以损害自己学校名誉为由提出反驳。由新华社披露的 21 世纪教育研究院的相关调查称，"人大附近的一所名校，小升初择校费 50 万元到 80 万元，家长为公司副总裁的'共建生'赞助费 20 万元起"。对这没有明确指名道姓却有具体数目的揭露，其他学校一般均闷头无语，人大附中则高度敏感，及时地约见记者。一方坚称"没收过费"，另一方则认为"绝无可能"。

由此看来，光靠双方的口水仗已经无法将问题完全弄清楚，好在人大附中说学校已经在找律师调查取证，准备通过法律途径维权，另一方也表示"如果要对簿公堂，我们就迎接"。双方各执一词，光打口水仗是没有任何意义的，人大附中应尽快进入司法程序，用自己经过权威机构认定的审计报告来证明自己没有收取择校费或者赞助费之类的费用，为自己讨还清白；21

---

① 原载于《东方早报》，2012 年 11 月 5 日。

世纪教育研究院也要拿出可靠的证据，证明人大附中是否收取了择校费。

当然，人大附中也可能就此打住，那样就会在公众面前坐实了它收择校费的传言。

择校收费是一种十分复杂的现象，不少学校的择校收费从公开操作转为暗箱操作，收费的标准、程序、手段更加多样无序。收费方学校或其上级主管部门有其所利又有其所避，交费方家长在受到各方压力交费后有所利又有所隐，甚至还有一些中间人在其中牵线渔利，弄清事实、查出证据并非易事。正因此，人大附中校长敢于讲"找任何家长问，看看我们收过费没有，几乎没有"。

所以必须明确以下几点：一是如何界定择校费，它所包括的范围多大；二是谁收了钱才算是择校费，通过一些教育主管部门的特定账号和通过私人关系的中间人收的是否属于择校费；三是何时收的才是择校费，长期的关系户之间的不间断利益输送是否属于择校费；四是以"共建""合作"等各种名义收的是否属于择校费；五是由于是公立学校，整个学校的经费是否能经得起财务审计。严格地说，只要与招生相关的任何利益输送，无论以何种方式，经历过何种转换，都属于择校费。

由此看来，仅仅对某一所学校的收费情况进行了解是难以彻底让择校费浮出水面的，一些地方甚至定有当地政府与教育主管部门以及学校分享择校费的比例。一场官司的输赢并不能真正解决公众长期期盼解决的择校费问题。彻底杜绝择校费必须具备两个条件：一是这个地区所有学校之间实现了均衡，各校之间是平等的，能够进行适度竞争，家长不需要因优劣而择校，任何寻求某一所学校相对优势和相对政策强势的做法都是为收取择校费创造条件；二是政府及与学校相关的其他部门对所有学校的政策和资源配置是公开透明的，可以接受公众监督的。

正因此，通过这件事，矫正全社会的教育观，促进公共教育资源的分配更加公开透明，建立更具操作性的教育资源公平分配程序，才是大家所共同期望的结果。

规范教师补充利于教育均衡

2009 年，教育部发出《关于进一步做好中小学教师补充工作的通知》（以下简称《通知》），《通知》中提出的"特岗计划"采取省级统筹、公开招聘的办法吸收高校毕业生从事农村义务教育，创新了教师补充机制，很多人认为此举将为农村学校带来优秀的师资力量。

社会反应比较强烈的"择校"、农村学校空巢、农村学生进重点大学比例下降现象，背后的根本原因在于学校间、地区间、城乡间教育资源的不均衡，而这当中最关键的是师资力量的不均衡。要实现均衡，路径有两种：一是改变现有教师管理方式，均衡分布教师资源；二是在师资增量上想办法，让农村和薄弱校有优秀的师资来源。

事实上，自 1994 年取消师范生分配以后，乡村就没有优秀的师资补充进来，同时还有一些原本在乡村工作的优秀教师通过各种方式和渠道调离岗位，学校和地区间的教育差距不断扩大，尤其是乡村教师的老龄化、知识老化、数量不足、学科及年龄结构不合理的问题已经十分严重。在这样的情况下，《通知》的出台确实为亡羊补牢之举。

尽管农村缺教师问题已经相当严重，但是在现有教师管理体制下，要让新补充的教师到农村教学岗位却有着多重阻碍：第一种为城镇超编，乡村缺编，因而在一个县域范围表现为"无编可补"；第二种为即便有编制，一些边远、艰苦地区派不进公办教师，或因教师补充退出机制的不健全，难以补充合格的新教师，即"有编难补"；第三种是一些地方仅仅从经费角度考虑，拖延补充合格的教师，形成"有编不补"。加之一些地方补充教师的随意性较大，代课教师问题没有妥当解决，影响到新教师的补充。

解决毕业生下不去，合格教师难以补充的问题，就必须规范教师补充机制，长远来看，要从根本上解决这些问题，需要改革整个教师管理体制。但由于这样的改变牵涉的面较大，一时难以实施，《通知》提出的"特岗计划"便是在原有系统上打"补丁"的一种问题解决方式。"特岗计划"采取省级统筹、公开招聘的办法，依据公开、平等、竞争、择优的原则吸收高校毕业生从事农村义务教育，并对中央及相应地区每年设置"特岗计划"的人数提出要求，有利于从源头上保证教师队伍整体素质，在一定程度上缩小城乡教师的差距。

　　彻底解决乡村教师问题必须让包括师范院校在内的高等院校、地方政府、乡村学校三方积极配合：高校要培养出真正有志且有能力胜任乡村教学岗位的教师；地方政府要切实解决编制问题，清除占用教师编制现象；乡村学校要提供教师乐于工作的环境，为新到岗位的教师提供发挥才干并能成长发展的空间。

　　教育均衡发展的道路漫长，做好中小学教师的补充工作，尤其是做好乡村中小学教师的补充工作，是在这条道路上应迈出的关键一步。

多些实地调查，多些实质公平

　　全国人大代表、广东省中山纪念中学校长贺优琳在接受《南方都市报》记者采访时提出，新出台的高考改革方案，增加了语文、英语的权重，史、地、政、理、化、生等学科进行等级考试，这样的科目设置会使农村考生更加边缘化，农村考生语文、英语学习条件本就差，先天性不足。

　　此观点一经媒体报道，旋即引发热议。新出台的高考改革方案是否真的会使农村考生更加边缘化？如果说农村考生的确不占优势，是什么因素造成的？在高考改革的顶层设计和实际执行中，应当如何弥补农村考生的先天性不足？

　　我曾作过实证分析，发现农村生源相对于城市生源，在招考中处于不利位置。尽管最近几年中央政府采取了招生指标向农村倾斜的政策，依然无法完全解决这个问题。正因为此，对"农村考生被边缘化"之类的不同声音，教育管理和高考改革方案的制定和实施者不妨听一听，给予尊重，作好实证调查，把它作为改进高考招生制度的必要参考。

　　我长期在农村作调查，理解乡村民众对改革的感受，他们对高考改革寄予期望，但又怕自己看得见的分数"老菜坛"被打破，不想作根本性的变革。所以高考招生制度改革需要通过专业和法治两种手段消除公众对改革的疑虑。

　　从专业的角度，可以做很多事。例如采用依据不同地区教育发展水平、师资条件等因素划出学生的考分等值线的办法，当然这一分值的换算需要严谨的专业程序确定，而非采取派发行政指标的方式衍生出新的权力寻租和不公平。

从法治的角度看，关键在于全方位监督与考试招生相关的权力。很多问题是改革不彻底造成的，例如：依然还是政府包揽的考试招生，权力的灰色空间还存在，而没有独立第三方专业评价机构依法进行测试评价；依然没有《考试法》作为规范考试公平的依据，农村生源较长时间的不公平状况缺乏有效的反馈和问责机制；对农村学生的政策倾斜缺乏长期性、连续性，覆盖不全面，缺乏专业的支撑。

简而言之，保障各方面的意见充分表达，有助于制订出相对完善的高考改革方案，充分考虑到农村学生的权益保护是其中一个不可忽视的大问题。我们不能仅仅停留于形式公平，在对学生的评价上需要有切实的改进，拿出公众认可的专业证据，只有这样才能实现高考招生的实质公平，才有可能彻底解决对农村考生不公平的问题。

稳定小升初，实现教育均衡的新起点

（1）避免择校热的反复：均衡是保证不再出现择校热的坚实基础。

2016年北京各区先后采取学生填报志愿，就近入学和电脑派位相结合的方式确定学生的升学去向。相对于前些年的大量学生跨区大范围择校所衍生的择校热潮，由于北京这些年采取的各项措施发挥了一定的作用，2016年的小升初相对更为稳定，已是不争的事实。同时，也必须看到，这种稳定是相对的，依然缺乏持久的稳定性。之所以这样说，一方面是由于这一相对稳定的得来在很大程度上是依赖行政部门的行政措施，在比较大的程度上抑制了家长的择校意愿，同时现行小升初尚未形成各方认可度较高的程序和机制，相关当事方都带有较大的试探性；另一方面，在不同学校之间充分的均衡尚未完全实现之前，家长择校的动机依然强劲，随时都可冲破阻止择校的堤防，钻出一个空，或撕开一条缝。

在北京生活的人都清楚，电脑派位的方式过去也曾经用过，一开始家长对派位结果的认可度还是比较高的，最终电脑派位成为人们弃之不及的"鸡肋"，主要原因在于忽视了电脑派位发挥作用是有条件的，其中重要的条件是不同学校之间的差距究竟有多大。差距越小，派位的认可程度越高；差距越大，派位的认可程度越低。当不认可派位的现象出现时，部分有足够能量的家长不惜破釜沉舟，与整个升学系统性的安排决裂，甚至把孩子送到外地或外国就学。表面上看，他们没有给这种就学体系的当事人找麻烦，但这种不认可打破了相应政策措施的包容性，由此造成的包容性困境是各方都看得见而不能不加以解决的。即便在当下，也不能保证所有家长都认可电脑派位结果，这样的个案往往成为撬起一个区域小升初政策缝隙的杠杆。

正因如此，各相关当事方对当下择校稳定的相对性一定要有充分的认识。同时，需要看到在小升初缓解家长、学校、政府各方面的意愿上还存在相当大的不一致性，这种不一致性随时可能以各种方式表现出来。若要使当下的相对稳定向持久稳定转变，避免择校热的反复，一方面可以在实践中不断完善现行小升初政策和措施，使其具有更加广泛充分的包容性；另一方面，也是更为重要的，还需要把工作的重点放回到均衡上来，因为均衡才是保证不再出现大范围择校热的根本性的坚实基础。所以，必须清醒地意识到，当下的相对稳定不是终点，而只是创造了一个机会和条件，它是进一步实现教育均衡的新起点。

（2）适度的选择：将过去纵向的质量差距选择，转向横向的不同个性的学生与不同特色学校之间的选择。

事实上，不同的人对北京当下的教育均衡状况有不同的判定，有的人认为已经均衡了，并拿出相关机构的督查结论作为依据，有的人认为离均衡还有比较大的差距。事实上不必争论，生活在北京的家长虽然也存在跟风的现象，但他们心中还是比较清楚的，他们的判定是政府决策不可忽视的一个重要依据，也是进一步实现均衡不可或缺的参考。

具体而言，北京依然需要下大功夫解决的是义务教育阶段的校际均衡和不同区县之间的义务教育发展水平的差距问题。义务教育作为公共资源具有不可移动性和排他性，它的分配是否均衡，在很大程度上需要靠在相应的区域内均衡设置来实现，需要找到符合居民意愿又不违背教育内在规律的路径和措施，不能仅仅吃止疼片，还需要保全教育的健康与活力。

为了缓解择校压力，一些区对存在校际差距的学校采取了集团化办学的方式解决问题。应该说这一招在一定程度上模糊或者说是放大了家长的择校目标，对短期内缓解择校是有作用的。不可忽视的是，以什么样的方式实施集团化所得出的效果是截然不同的，一些学校在集团化过程中由于学校规模过大，超出了有效管理半径，导致行政层级增加，管理成本上升，责任链不弥合，出现了集团内部新的中心和边缘化现象，产生了集团内部的不均衡问题，甚至出现了新的低效或品质降低问题。从世界各国学校发展的情况看，学校的适度规模是做精做细的必要前提，所以在均衡的过程中，对任何一种措施的适用范围都需要明确，充分用其利，避其害。从长远看，还是要发展适度规模的自主性强的多样化特色学校。

为了缓解跨区之间的择校，城六区尤其是西城区采取了设置比其他各区更高的就读门槛的措施，短期看是不得已之举。从全局和长远看，需要加快在全市范围内落实均衡的措施，采取更灵活多样的方式方法发展相对落后区域的义务教育，尤其是在生源和师资两个关键性要素的配置上要一碗水端平，利用新城区的空间优势和有利条件发展更有特色的义务教育学校，更大程度开放新思想和新的教学方式方法在新城区学校的实验，将新城区的义务教育搞活以增强其吸引力，而不是总以单一标准或考试分数看教育质量。新城区要以自身的活力吸引生源。

控制选择性是此前缓解择校潮的主要手段。从长远发展看，适度的选择是必需的，它本身就是促进教育发展和品质提升的重要机制。控制选择不是长久之计，需要看准时机适度开放选择。只是需要将过去长期存在的纵向的质量差距选择，转向横向的不同个性的学生与不同特色学校之间的选择。要实现这样的选择转换需要一个相对较长的过程，其中最为关键的是需要有更为开阔的视野，下大力气加速教育评价和管理体制改革，从而为多样化和有特色的学校的发展提供必要的条件。

以学校的百花争艳吸引学生和家长各有所爱，适度利用学生的选择性催生各有特色的学校发展，给学生创造到自己理想学校就读的机会，若能找到合适的路径，距这一理想的实现并不遥远。

大城市就近入学成果还需再巩固

义务教育资源不均衡推高"择校热",引发各地近年来将破解入学难题作为一项重要工作。目前,各地尤其是各大城市采取的措施很多,也很有针对性,如北京市教委采取了做大并分好"蛋糕"的举措,一方面扩大优质教育覆盖面,另一方面缩小优质校服务半径。具体来说,初中小学相互搭配建起的九年一贯制学校"蹿红";取消共建生,堵住了条子生的"后门",基本实现就近入学;在学区内将一所优质校与一所薄弱校深度联盟,建优质资源带等多种"组合拳"让一般人模糊了差别和选择的目标,使"择校热"降温。

我们必须大力肯定各地为破解择校难题作出的积极努力,各地所采取的各项措施眼下也取得了显著效果。然而,若就此认为破解入学难题已尘埃落定、大功告成,则为时尚早。因为一项措施是否真的有效还需要时间检验。

未来,可能出现的变数还有不少。

一则,每一次新的调整措施实施后,公众的认知需要一个过程。各地调整措施出台之后,公众对其效果的认识、判断和辨别尚不够清晰,于是对自己孩子如何选择学校还处在无所适从阶段,多数人就会选择随大流。两三年之后,如学校之间的差距依然存在,就会有越来越多的人辨别得更明晰,并寻求到新的择校路径。比如北京 2014 年出台了"史上最严"的择校禁令,而任何一道令的效用都有时间性,到第二年是否还有效,人们心里会存疑。如果今后每年都发令,是否还有 2014 年这样的效果?如果效果衰减,或出现"道高一尺、魔高一丈"的对策,入学政策的效果就不可能持续下去。

二则,联盟校统一管理、统排课表、共享师资、统一评价、统一编排教师，淡化学校边界，构造一个优质教育资源共享的大通道——这样的做法是否能较好地尊重学校的办学自主权？是否能将学校内部的工作切实依据以人为本原则做精细？师生之间的责任链是否密合？以人为本的教育本身关键要关注差异，不是简单地"统一"就能解决问题。

三则，一些家长已经关注到名校大规模新建分校及合并普通校，那么，分校过多是否会冲淡原有名校这杯"浓茶"？如果学校仅是挂了优质校分校的牌子或是新建校教育资源跟不上，那就对教育均衡发展起不到作用。而家长一旦看明白其中的端倪，依然会挤破头抢优质校，择校问题就会卷土重来。从逻辑上说，简单比照名校，将名校的教育理念、教学方式搬到普通校，未必能把原来的普通校办成各方面水平与名校一样的分校。

此外，更需要关注的是，较长时期以来实施义务教育均衡强调的是县域均衡，而随着城市化进程加速，数以千万计的大量流动生源使得仅仅强调县域均衡的观念和措施都难以满足实际需要。在省市级或全国范围内建立保障个人平等享受义务教育权利的公共服务体系，应尽早提上议事日程。

从全国范围来看，义务教育不均衡已由过去硬件上的差距，转变为软件上的差距，其中最突出表现为师资差距。不少地方为实现教育均衡建起了不少"漂亮"的薄弱学校，但家长不愿把孩子送到这样的学校，解决这类典型问题就必须进一步缩小优质校和普通校之间的差距，促进教师、校长资源在不同水平学校间正向流动。

从义务教育不均衡的特征分析，城乡和不同城市间的差距已经形成严重的教育生态问题。"乡村空，城里挤，一级一级向上比。"不从宏观层面解决整体的生态问题，学校层面、区县层面的措施效能就会大大降低。而当一些城市学校还在面向全国招聘特级教师，还在挖乡村教育的墙角时，良性的教育生态很难真正建立起来。

就当前来看，如果现有的义务教育均衡措施被实践证明不具有持续性，会造成社会公众更大的失望。要实现义务教育均衡的长远目标，目前各地的均衡成果尚需极力巩固，做法还需要继续深入。

多校划片有利于教育均衡

教育部办公厅下发的《关于做好2016年城市义务教育招生入学工作的通知》，明确提出在教育资源配置不均衡、择校冲动强烈的地方，根据实际情况积极稳妥地采取多校划片措施，引发社会关注。

在教育资源不均衡的情况下，每位家长都期望为自己的孩子选择一所更好的学校，这本是情理之中的事。但众多家长都这样选择，必然引发就学的无序。

因此，政府有责任在提供义务教育服务的同时，保障义务教育阶段的就学秩序。解决这个问题需要从两头做工作：一是尽可能改变现有的不均衡状况；二是保障学生及其家长的选择和就学是有序的。

解决这样长期积累的问题需要一个过程，并非一两年就能达成目标。维系这个过程中的有序就学是其中一个方面的保障措施。多校划片就是一些地方在学校差距过大、短期内通过单校划片难以一步到位解决问题背景下所采取的一项缓解措施。

在执行多校划片的政策时，必须明确义务教育资源均衡就是目标，需要不懈追求；多校划片旨在缓解当下一些地方过高的择校热，仅仅是实现这一目标的手段和措施，而不能把多校划片当作挡箭牌，不能以为实行多校划片了，就不需要再采取措施或可以拖延去解决教育资源配置不均衡问题。

明确这一精神实质后，各地再依据当地实际，确定是否采取多校划片的方式。在教育资源相对均衡的地方完全可以单校划片，就近入学。只有在那些目前教育资源配置不均衡、择校意愿强烈的地方，才有必要采取多校划片，将热点小学、初中分散至每个片区，确保各片区之间大致均衡。一旦时机成熟，应及早结束多校划片。

对于那些确实需要采取多校划片的地方，应把多校划片当成一种服务当地居民的方式，而不是采取控制和限制的方式。也就是说，要把划片和就学过程规范、公开、透明结合起来，不能将之变成少数几个人私下拍板的过程，应让相关当事人参与进来，通过随机派位分配热点学校招生名额，尽可能让更多的孩子获得享受优质教育资源的机会。对未能派位进入热点学校的学生，应妥善就近安排至其他学校入学，政府要真诚听取他们的合理意见，积极主动寻找对策。

客观来看，多校划片是一种过渡措施。采取这一方式是有相应条件的，离开了公开、公平、公正，怎样划片都不能从根本上解决问题。没有长远规划和有效措施，多校划片本身或许能实行一两年，却很难走远。要让当地居民切实看到在多校划片的同时，政府采取了有效措施缩小学校之间的差距，的确在为所有人创造平等的机会，否则就有人不接受那种长期存在的不公正机会。因此，各地要创新方式，促进更高水平的教育均衡。

即便居住在多校划片区域的家长，也要客观评估自己孩子所面对的片内多校对孩子的成长发展意味着什么，仅有一所热点学校并不意味着对孩子更有利，还要看孩子在学校和班级中的受关注度，看孩子的智力与个性特征的适合度，合适的才是最好的，才能把孩子的优势发挥出来。只要真正解决了不同学校和区域之间的均衡问题，怎么划片都不重要了。

就近入学条件不能层层加码

2014 年北京市依据原有的"五证"政策，对外来务工人员随迁子女义务教育阶段入学资格进行联网审查，这是一项进一步摸清家底，通过精细化管理实现有效供给的举措，有利于完善城市人口基本服务保障体系。

在这一政策实施过程中，有部分务工人员反映，家在大兴但在丰台参加社保的务工人员子女不能在大兴上学，住在通州但在朝阳参加社保的务工人员子女不能在通州上学。部分区县还明确要求父母双方都要在本区县就业，多个区县要求非京籍父母在本区县就业和居住，其中丰台区还要求父母双方暂住证是 2004 年 3 月 1 日前办理完成的。

细查这些规定都非北京市的政策，而是各区县在执行过程中加码加上来的。这些规定致使一些持有"五证"的务工人员子女因为不能通过审查而不能报名在京就读，这些越过了北京市教委所划定的"五证"底线的规定，使家长着急，被媒体和社会各界热议。

的确，在务工人员比较集中的通州、丰台、大兴、昌平，接受随迁子女义务教育阶段入学的人数较多，财政压力较大，师资、校舍等方面的需求也比较高。但这些区县仍属于北京市，不能随意挪动或加码市级政策底线。如果这些区县在执行中遇到困难，应该将所遇到的困难向上反映，市政府应依据实际情况，对有困难的区县在财政资金和政策上加以支持，以保障全市范围内各区县政策落实的一致性。

如果做不到这一点，听任各区县层层加码，将"五证"变为"六证""七证"或要求"五证"必须是某个区县的"地方粮票"，不仅造成新的不公平，也有损政府的信誉。为此，准确、到位、不折不扣地落实北京市教委对此规定的政策，才能不偏离政策的初衷，也才能使这一政策在解决当下问题的同时不留下长久的后遗症。

进而言之，作为首善之地，北京任何一项政策的制定、执行、落实，都不免会发生全国性的影响。北京市在义务教育"五证"审核这项直接关系全国各地务工人员切身利益的民生政策落实过程中，能否不落俗套，也显示出首都北京的政策落实水平。

对于这些未来北京市的新市民而言，政府在关系到他们切身利益问题上如何处理，如何准确地执行政策，本身就是对他们的一次教育。有鉴于此，希望有关部门能督促各区县坚守入学政策的底线，停止实施各区县在务工人员子女义务教育入学资格审核中加码的政策，为这些孩子尽快落实入学问题，也让务工人员子女教育政策的实施步入新的良性进程。

探索教育目标公平，实现人人教育平等

教育公平问题是当今社会的一大热点问题，特别是高等教育公平问题，存在着许多问题急需解决。其中教育目标公平问题，已经成为教育不公平的重要起因。因此，确保教育目标公平，是实现教育公平的必要前提，也是深化教育公平的重要途径。

一、教育目标公平意义重大

教育目标公平是指在教育目标的确立、选定及发挥作用的过程中，人人享有平等的权利和机会。对教育目标公平的重要性，我们万万不可小视。

首先，教育目标的不公平已经构成对教育对象严重的隐性伤害，成为教育不公平的重要起因。长期以来，人们对教育目标存在着模糊甚至错误的认识：过于强调其政治特性而忽视教育特性，过于笼统而忽视个体间的差异，过于看重目标的规定性而忽视学生的自主选择。这种认识直接导致教育目标单一、空洞、僵化、缺少可操作性，难以契合学生的自身特点和现实机遇。在这样的目标导向下，越来越多的学生失去创新能力，一步步滑到"失败者"的行列。因此，与教育权利和机会相比，教育目标是更深层、更隐性，也更关键的有关教育公平的问题。

其次，教育的独特性决定了教育目标在教育公平中有十分独特的重要性。教育的内质是培养人，要培养人就离不开目标。在个体的发展过程中，目标时刻发挥着导向作用。如果一个人的教育目标与其所处的社会位置及个性特征不相符，那么对他的整个教育就会因目标不恰当而具有不公平性。教育机会、起点、资源分配的公平是实现教育公平的重要基础和外部条件，对教育公平效果有着更为巨大和深远影响的则是教育的内在公平，教育目标公平就是其中的重要方面。

再者，教育目标公平是教育公平理论研究中不可回避的重大问题。教育目标是教育活动所要达到的预期效果，它作为统领整个教育活动的指导思想，对教育的方方面面都有关键性作用，包括教育公平。教育公平包括教育目标确立的公平以及实现教育目标过程中的公平。在教育过程中，机会均等、权利平等、资源分配平等都不能替代教育目标的公平。

二、教育目标公平是实现教育公平的关键

倡导教育目标公平必须回答三个问题：教育目标的内涵及意义是什么？教育目标如何对教育公平发生作用？如何确保教育目标公平？

教育目标的内涵及其意义。教育目标可分为理论目标与实践目标。教育理论目标是一种理想的、应然的、总体的、一般性的目标，是对教育行为的终极设定；实践目标是个体在自身特征和努力基础上可以实现的具体的独特的目标。两者的形成是完全不同的过程，前者主要由社会发展水平及特定政治经济基础决定，后者更多的是由个体决定的。将这两种目标混淆使用必然导致对大量个体成长与发展的不公平。教育公平的实现是一个长期的、复杂的、不断变化的实践过程，需要有一个相对稳定的长期目标来引导。而无论各方面的情况如何变化，教育公平所追求的理论目标是相对稳定的，即：人人都获得适合其个性和代际转换机会的发展。换言之，真正的教育公平应该充分考虑个体生命过程的差异，使每个人尽可能获得适合其个性、与其生活的人文环境相协调的发展。这是教育公平追求的长远目标，也是教育目标公平的深层内涵。

教育目标对教育公平的作用。教育目标是教育活动的出发点和归宿。它主要通过导向、评价、程序安排三个方面对教育公平发生影响。一是通过导向发生作用。教育目标是导引教师教育教学和学生学习活动的指南，目标是否明确决定着学习者的学习态度和学习效果如何。只有教育目标内化为个体

学习目标，学生产生强烈的参与感，才能更好地筹划学习，发挥积极性和主动性，提高学习效果。二是通过评价发生作用。评价是检验学习者在何种程度上达到教育目标，目标是评价的依据。当目标与个体的志向、潜能及文化环境相一致时，以它为依据的评价便能激励个体健全发展；反之，据它所进行的评价本身就是不公平的，并且会对个体的成长与发展造成负面影响，形成新的不公平因子。三是通过教育程序安排发生作用，包括教学内容、教学策略、教学方法、教学组织等诸多方面。课程是实现教育目标的轨道，教学策略集中体现为实现教育目标的策略，教学方法和教学组织是教育目标的一种行为安排。目标的不公平必然通过这些方面的不恰当体现出来。

确保教育目标公平。如何确保教育目标公平，也即如何产生公平的教育目标，是追求教育公平实践中的一个关键问题。首先，从目标确立者角度看，要让个体充分参与到目标确立的过程中来。教育实践目标的确立必须以学生的个性结构为基础，教育目标不只要表达政府和教师对教育的假设与期望，还应该反映学生的志向。不考虑学生个性结构，没有学生参与确立的教育目标是不科学的，也是不公平的。其次，从过程看，目标确立的过程是个体与社会相互选择和激励的过程。一方面，不同的个体接受不同的代际转换机遇，社会在一定程度上已决定了个体目标的选择；另一方面，个体要不断寻找社会可能提供给自己的机遇，并从可能的多个机遇中进行选择，一旦这种选择获得社会一定方式的回报，它便构成对个体的正向或负向的激励。公平的教育目标的确立就是这种反复、连续不断的选择和激励的过程。再者，在目标表述上，一是要调整表述方式。已有的教育目标的表述多采用祈使方式、被动方式，没有考虑到个体差异所引起的教育目标的差异。公平的教育目标表述，应多采用条件、商量、主动的方式，为不同个体确立不同的目标及作用方式。二是要改变表述语言，使官方语言变为个性化语言。

三、积极探索实现教育目标公平

实现教育内在公平比实现外在公平更为艰难，实现教育目标公平尤为艰难。基于教育目标公平对教育公平其他方面的制约作用，我们应从以下工作做起，积极探索实现教育目标公平：

明确理论目标的功能。现实的教育实践不仅对理论目标与实践目标未加区分，而且赋予理论目标过多过大的功能。要对两种目标加以区分，明确理论目标的特性，厘定其功能，发挥其本应发挥且能真正发挥的功能。

确立多样化的教育实践目标。在已有的教育公平理论中，有一条差别对待原则，即依据受教育者个人的天赋、机会与机遇对每一个个体给予不同的教育待遇，其前提是使处于社会最不利地位的人获得最大的利益。要使这一原则得到充分具体的贯彻，就必须确立多样化的教育实践目标，使人人的潜能都能获得充分自由的发展，每个人都能依据自己的自由想象和可实现原则确立自己的教育实践目标。

鼓励学生自主选择和确立教育实践目标。学生可依据自己的志向、兴趣、需求、个性潜能在丰富的实践目标中进行选择，通过与老师沟通和交流，最终确立个体的教育实践目标。随着个体在社会活动中不断成长与发展，自我认识不断变化，他对教育实践目标的选择也是不断变化着的。对教育实践目标的选择与确立，实际上是个体自身发展及其与社会相互磨合的过程。

提供全纳的教育服务。全纳教育是国际教育发展的总趋势，强调教育的民主平等、群体合作，没有排斥、歧视和分类。在适合个体的教育目标确立后，可围绕这个目标形成个体的、班级的乃至整个学校的目标体系，在总目标与个体目标间建立起协调机制，并通过这一目标体系全面导引学校的教育教学工作。

随着社会对教育公平提出更高要求，随着人们对教育公平有更高追求，中国改革开放以来特定的社会变化为教育公平的实践提供了独特的条件，对教育公平的认识提高到一个新的水平。认真研究教育公平问题，积极探寻实现教育目标公平的实践途径，必将大大推进新时期我国教育事业的健康发展。

促进公平，提高质量，满足需求
——"十二五"教育的主要任务

《中共中央关于制定国民经济和社会发展第十二个五年规划的建议》将"深入实施科教兴国和人才强国战略，加快建设创新型国家"作为其中的一项重要内容。"十二五"规划建议将科技、教育、人才作为一个整体，强调对教育要与人才、科技的发展整体规划设计，贯彻优先发展、改革创新、促进公平、提高质量的方针。

经过改革开放30多年的快速发展，中国的教育事业取得了巨大成就，进入了一个新的发展阶段。除了学前教育之外，其他各学段的规模发展的问题已经基本解决，提高质量、优化结构、促进公平的要求日益突显，人才培养体制、办学体制、管理体制等方面的改革任务日益紧迫，发展目标、发展方式等都会出现新的变化。为了推动教育事业优先发展、科学发展，"十二五"规划建议提出教育工作的主要任务是促进公平、提高质量、满足需求。

促进公平仍需坚持不懈。自从2002年以来，教育公平问题就受到社会各方面的关注，各级政府也采取了一系列措施促进教育公平。然而到目前为止，教育不公平问题依然存在，在一些地方还比较严重，教育机会不均等、城乡教育差距、学校间的教育差距、择校现象等都还在较大范围存在。所以"十二五"规划建议坚持促进教育公平，在改善民生、解决人民群众关心的实际问题上下功夫。"合理配置公共教育资源，重点向农村、边远贫困、民族地区倾斜，加快缩小教育差距。"其他与之相关的措施还包括：加快学前教育发展，切实解决"入园难"问题。提高农村义务教育质量和均衡发展水平，推进农村中等职业教育免费进程。因地制宜解决农民工子女上学等问题。健全国家资助制度，扶助家庭经济困难学生完成学业。把解决高校毕业生就业问题作为工作重点，加强职业培训和择业观念教育，鼓励高校毕业生到城乡基层、中西部地区、中小企业就业和自主创业。

提高质量需要切实遵从教育规律。近30年来，各级教育规模都有巨大发展，但是各级教育的质量问题严重，尤其是高等教育的质量引起全社会的关注。因此，"十二五"规划建议明确提出提高教育质量，特别提到要"全面提高高等教育质量"。提高教育质量需要在推动各级各类教育科学发展上下功夫，需要切实遵从教育的内在规律，推进教育家办学。把了解学生成长发展的实际需求，促进人的全面发展、适应社会需要作为衡量教育质量的根本标准，遵循教育规律和学生身心发展规律，坚持遵从儿童天性、德育为先、能力为重，促进学生德智体美全面发展。提高质量需要有整体和系统的质量观，包括积极发展学前教育，巩固提高义务教育质量和水平，加快普及高中阶段教育，大力发展职业教育，全面提高高等教育质量，加快发展继续教育，支持民族教育、特殊教育发展，建设全民学习、终身学习的学习型社会，避免片面、局部的质量观以及顾此失彼对教育长远发展产生危害。教师是提高教育质量的关键，因此必须加强师德师风建设，提高教师业务水平，继续推进和完善免费师范生教育制度，鼓励优秀人才终身从教，切实提高农村及偏远地区教师的待遇，解决他们的生活实际问题。同时，还必须改善教育质量评价，不断健全教育质量标准体系、教育质量保障体系、教育质量监测体系，使评价本身更符合人才成长和发展的规律。

满足需求是教育发展的指南，又是社会赋予教育的重大责任。满足需求包含两个方面：一是建议中所提出的"保障公民依法享受教育的权利，办好人民满意的教育"，公民的要求是多样的、多层次的，也是发展的，教育事业的计划和设计需要充分考虑到公民的多样性需求；二是主动适应社会、国家和地方发展需求，服务加快转变经济发展方式，把人才培养、科学研究等各项工作与国家和地方发展需求紧密结合起来，完善现代教育体系，调整人才培养结构，创新人才培养模式，推进科学技术创新，着力提高教育为加快转变经济发展方式服务的能力。

由于现有的教育体制与机制都存在难以有效完成上述任务的问题，因此要完成上述三大任务，还必须大力推进改革，在完善教育科学发展的体制机制上下功夫。消除不利于教育事业科学发展、不利于培养创新人才的体制机制障碍，深入研究人才培养体制、投入体制、管理体制、办学体制、招生考试和评价制度等方面的改革，注重吸收基层的改革创新经验，在此基础上形成科学合理、统筹协调、符合发展阶段和教育规律的改革思路，在重点领域和关键环节尽快取得突破。"十二五"规划是贯彻实施《规划纲要》的第一个五年规划，因此又必须依据纲要的精神安排好各项工作。

义务教育公平的矛盾分析 [1]

义务教育公平与千家万户的切身利益相关，与每一个人的成长与发展相关，在教育中的影响面最广。实现义务教育的公平是整个社会公平的一块极为关键的基石，然而实践表明，义务教育公平发展的道路上依然存在众多问题，本文试图从矛盾分析的角度揭示实现义务教育公平发展中的问题，并为解决这些问题提供一些思路。

一、从近60年基础（义务）教育的发展看其公平矛盾的转化

虽然20世纪初就有义务教育思潮对中国教育发生影响，但严格意义上的义务教育至早只能从1986年中国第一部《义务教育法》产生时算起，在此之前只能称之为基础教育或初等教育。不过，从义务教育发展过程看，它们构成义务教育公平问题的历史渊源，对义务教育公平问题的研究有必要从历史发展的角度加以考察。

1949年以来与基础（义务）教育公平相关的重要文献一览 [2]

时　间	文献题名	相关内容提要
1949.09.29	中国人民政治协商会议共同纲领	第四十一条：中华人民共和国的文化教育政策为新民主主义的，即民族的，科学的，大众的。

---

① 原载于《江苏教育·教育管理》2017年第3、4期。
② 表中资料主要来源于《中华人民共和国重要教育文献》，海南出版社。

时　间	文献题名	相关内容提要
1949.12.23	马叙伦部长在第一次全国教育工作会议上的开幕词	由于我们的国家是以工农联盟为基础的人民民主专政的国家，因此我们的教育应该以工农为主体，应该特别着重于工农大众的文化教育、政治教育和技术教育。
1952.09.05	教育部1952年工作计划要点	各级学校继续贯彻向工农兵开门的方针。中等学校的工农子女入学的比率，老区争取达到60%～70%，新区争取达到30%～50%；初等学校的工农子女入学的比率，老区争取达到80%～90%，新区争取达到60%～70%；大中城市新增设的中学和小学着重招收工农子女，增设专收青年工农及工人子女的中等技术学校。
1953.11.26	政务院关于整顿和改进小学教育的指示（第195次政务会议通过）	由于我国经济发展不平衡，小学教育的发展也不平衡。我们应该根据不同的情况，采取多种形式，提出不同的要求来办小学教育；如果要求全国小学整齐划一，那是做不到的。今后应首先着重办好城市小学、工矿区小学、乡村完全小学和中心小学。在农村，则除办集中的正规小学外，还可以办分散的不正规的小学，如半日班、早学、夜校之类。
1978.01.11	教育部颁发关于办好一批重点中小学试行方案的通知（经国务院批准）	对发展和办好本地区、本部门的重点中小学作出规划和部署。重点把领导班子整顿好，配备好。教师力量要作必要的调整和充实加强。各项必要的规章制度，要认真建立起来。在自力更生、艰苦奋斗、勤俭办学的前提下，对经费、物资安排，应给予必要的支持，尽快充实改善这些学校的仪器、图书等教学条件。
1979.05.05	蒋南翔：中小学教育要面向全体学生	许多学校单纯追求升学率，只顾应付高考，把注意力集中到有可能升学的一部分学生身上，忽视对全体学生进行基础知识的教学和基本技能的训练。
1986.03.06	国家教委关于在普及初中的地方改革初中招生办法的通知	积极而稳妥地取消初中招生考试，并按学籍管理规定，凡准予毕业的小学生就近直接升入初中学习。 切实加强初中，特别是要加强薄弱初中的建设，这是顺利进行初中招生办法改革的重要条件。使这些学校的校舍、办学经费、师资水平、教学仪器设备等办学条件，有较大的改善和提高。

时　间	文献题名	相关内容提要
1992.11.02	国家教委关于支持中国青少年发展基金会实施"希望工程"的通知	救助贫困失学儿童。
1994.05	"春蕾计划"实施办法	救助失学女童。
1995.06.06	国家教委关于进一步推动和完善初中入学办法改革的通知	强调 19860306 号文件精神，取消初中已经普及地区的初中入学考试，不得进行变相的初中入学选拔性考试，加强薄弱初中的建设，缩小校间差距。
1998.11.02	教育部关于加强大中城市薄弱学校建设，办好义务教育阶段每一所学校的若干意见	现象：一些学校办学条件差、师资队伍弱、生源差、教学质量低、社会声誉不高，学生不愿去，家长信不过。目的：缓解"择校"矛盾，治理"高收费"、乱收费。对策：加强领导、加大投入、改善条件、加强班子建设、提高管理水平，在师资队伍、招生、评估机制、体制、学校布局等方面下功夫。
2001.05.29	国务院关于基础教育改革与发展的决定	我国基础教育总体水平还不高，发展不平衡，一些地方对基础教育重视不够。提出均衡发展的价值观和发展观。做法：中央政府和省政府加大对贫困地区、少数民族地区义务教育的扶持力度；将残疾少年儿童义务教育作为普及九年义务教育巩固提高工作的重要任务；依法保障流动人口子女接受义务教育的权利；通过助学金、免费提供教科书等措施，帮扶家庭经济困难的学生；调整学校布局，优化教育资源配置，改造薄弱学校，扩大优质教育资源。
2002.05.30	王湛：努力促进基础教育均衡发展（第三届全国基础教育论坛主题）	均衡发展是基础教育的本质要求，也是社会主义教育事业的本质要求；促进基础教育均衡发展要强化政府责任，在市场经济条件下，实现教育公平，加强对困难地区、薄弱学校、弱势人群的扶持，促进整体水平的提高，促进均衡发展，主要靠政府；在积极发展中促进和实现均衡发展；促进基础教育均衡发展是我们应该长期坚持的重要原则。

时　间	文献题名	相关内容提要
2005.05.25	教育部颁发关于进一步推进义务教育均衡发展的若干意见	有效遏制城乡之间、地区之间和学校之间教育差距扩大的势头，积极改善农村学校和城镇薄弱学校的办学条件，逐步实现义务教育的均衡发展。建立和完善保障义务教育均衡发展的公共财政体制；采取积极措施，逐步缩小学校办学条件的差距；统筹教师资源，加强农村学校和城镇薄弱学校师资队伍建设等。
2006.06.29	中华人民共和国义务教育法	第六条：国务院和县级以上人民政府应当合理配置教育资源，促进义务教育均衡发展，改善薄弱学校的办学条件，并采取措施，保障农村地区、民族地区实施义务教育，保障家庭经济困难的和残疾的适龄儿童、少年接受义务教育。 第五十二条：未依照本法规定均衡安排义务教育经费的，县级以上地方人民政府，由上级人民政府责令限期改正；情节严重的，对直接负责的主管人和其他直接责任人员依法给予行政处分。

由上表可以看出近 60 年中国基础（义务）教育公平矛盾发展的基本脉络：

1949 年以前，教育公平的主要矛盾是教育机会极度缺乏与受教育需求巨大之间的矛盾，这一矛盾在此后相当长的时期中都影响到教育公平。

1949 年后，政治地位与入学机会的矛盾成为教育公平的主要矛盾，工农成为当时政治的主体，社会地位普遍提高刺激了他们受教育需求的大大增长，但他们的受教育机会普遍缺乏。政府主要通过政治手段实行学校向工农开门，限制特定人群（地主、富农子弟）入学的政策来化解这一矛盾，使社会教育机会由极度不均等向相对平等化方向发展。截至 1978 年，中国基础教育机会的分配总体上是极度平等的，但这种平等建立在对教育教学质量相对较低的要求上。

1978 年后，随着意识形态的变化，"效率"被提到比较高的地位，公平在一定程度上受到忽视，加之高考制度的恢复，重点学校政策的出台，在基础教育阶段教育公平的主要矛盾转化为精英需求与大众利益之间的矛盾。在基础教育阶段设重点校、重点班，选拔并重视"尖子"则必然淘汰、忽视普通学生，导致教育机会与过程的不均等、不公平。1978 年重点中学政策开始实施，1979 年就出现了单纯追求升学率，把注意力集中到有可能升学的学生身上，忽视对全体学生进行基础知识和基本技能的训练的现象，便是有力的证明。精英需求与大众利益之间的矛盾依然是当前义务教育公平的主要矛盾。

二、从义务教育公平矛盾的现状看其矛盾焦点的变换

中华人民共和国建立后，在《共同纲领》确立的民族的、科学的、大众的文教政策指导下，将提供工农子女的入学机会作为实现入学机会均等的重要措施，中小学贯彻了向工农开门的方针，1949 年普通中学学生 103.9 万人，小学生 2439.1 万人，分别仅占当时中国总人口的 0.2% 和 5%，且当时的中小学大多设在县城以上的城市。经过半个世纪的努力已基本解决了城乡义务教育阶段从无学可上到有学可上的问题。在精英需求与大众利益这一对矛盾之下，近 20 年来义务教育公平矛盾的焦点由原来的入学机会保障转变为优质教育资源的享用。

1. 义务教育入学机会尚存的不公平

义务教育入学机会包括小学的入学机会和初中的入学机会。这两种入学机会都存在一定程度的差异，其中初中入学机会的差异大于小学。由于造成差异的原因有多种，其中有一些并不产生公平问题，现就可能产生公平问题的表现具体分析如下：

第一是学校布点上造成入学机会公平问题。因为义务教育学校主要集中在行政村所在地或是乡镇所在地，离学校远一些的孩子上学就非常不方便，尤其是小学阶段，孩子的体能有限。近年一些地方政府为节省财政开支，对学校布局进行了较大调整，从 2002 年到 2005 年，全国小学减少 9.07 万所，初中减少 3.63 万所，同时大量消减小学教学点，办寄宿制学校，给一些学生入学造成困难，或必须为此支付住宿费、饭费、车费等，需要花费更多的

人力和财力，造成了孩子上不起学，享受不到义务教育权利的新问题。

第二是选择性入学上造成入学机会公平问题。这一问题突出表现在城镇学校的"小升初"环节，一些义务教育阶段的初中学校通过考试、交费两种手段拒绝招收部分所谓"不符合录取资格"的义务教育适龄儿童，客观上造成入学机会的不公平。甚至也有不少城市小学进行入学测试与选拔，例如某地级市的一所小学一年级入学就要进行考试，在考试"合格"的前提下还要交付除正常学费之外的1万元才能入学。由于全国省市级的所有重点小学和重点初中只占总学校数的2%～3%，义务教育阶段的"择校"竞争十分激烈，不管"升小"还是"小升初"，选择性入学都与收费在一定程度上挂钩，这就使得一些义务教育阶段适龄儿童失去就近入学的机会，产生入学机会公平问题。

第三是确实依然存在少量无法满足入学机会的情况。全国小学阶段尚有0.85%的适龄儿童未能入学，初中阶段尚有5%的适龄儿童未能入学。这些没有或者不能上学的孩子基本上居住在一些边远农村、少数民族地区。政府未能给这些孩子提供他们可以实际获得的入学机会。

2. 义务教育公平现状的整体分析

（1）义务教育入学机会基本得到保障。

一方面，"普九"取得实质性成果，覆盖率达到95%以上，2000年年底中国政府宣布实现了基本普及九年义务教育地区人口覆盖率为85%的预期目标，截至2005年年底全国实现"两基"的地区人口覆盖率达到95%以上，实现"两基"验收的县（市、区）总数达到2890个（含其他县级行政区划单位205个），12个省（直辖市）和新疆生产建设兵团按要求实现"两基"。小学学龄儿童入学率达到99.15%，初中阶段毛入学率为95%，保证了绝大多数适龄儿童少年在义务教育阶段有学可上，基本入学机会得到保障。

另一方面，在城乡、区域、人群间的教育机会差距明显缩小。义务教育阶段在城乡、区域、人群间的教育机会差距依然存在，但近些年这种差距有缩小的趋势。

首先，由于适龄儿童的小学入学率已超过99%，初中入学率已达到

95%，就是否有学可上这一点，在城乡、区域、人群间已经不存在显著差异。例如小学阶段男女童入学率分别为 99.16% 和 99.14%，男女入学率性别差仅为 0.02 个百分点。小学辍学率为 0.45%，其中女童 0.47%，男女辍学率性别差约为 0.04 个百分点。小学毕业生升学率为 98.42%，几乎无性别差异。初中阶段辍学率为 2.62%，其中女生 2.31%，男生辍学率高于女生。

其次，通过采取相关措施，弱势人群的义务教育机会得到保障。例如自 1988 年起改变了过去只有特殊教育学校接受有特殊需要的儿童就读的做法，有计划地在一部分普通小学附设特殊教育班，或招收能够跟班学习的残疾儿童随班就读，以多种形式扩大义务教育阶段有特殊需要儿童的入学机会，保证了他们的高就学率。具体情况参见下表数据：

1988 年后有特殊需要儿童入学情况一览 [1]

年　份	1988	1990	1992	1994	1996	1998	2004	2005
学校总数（所）	577	746	1077	1241	1428	1535	1560	1593
在校生总数（人）	57617	71969	129455	211404	321063	358372	371800	364400

上表尚未包括在普通学校随班就读的特殊需要儿童，数据显示 1998 年以后的特殊教育学校总数和在校学生数基本保持稳定，反映出有特殊需要的适龄儿童就学问题已基本解决。

再者，城乡之间的学校差距依然较大，与城市的学校相比，农村的学校不论是在教学条件、硬件设施还是在师资力量方面都要差很多。但在义务教育阶段的入学机会上差距不大，入学率的差距不到 1 个百分点，同时城乡义务教育生均经费的差距也控制在一定的范围之内。以 2003 年的数据为例，见下页表格：

---

① 数据来源：各年全国教育事业发展统计公报。

2003 年城乡中小学生均教育经费差别 [1]

学校类别	普通初中	农村普通中学	普通小学	农村普通小学
生均教育经费（元）	1668.74	1210.75	1295.66	1058.25
生均预算内经费（元）	1097.25	889.69	952.56	823.22

（2）享受优质义务教育资源的机会存在明显差距。

在看到义务教育阶段城乡、区域、人群间的入学机会差距明显缩小的同时，还应该看到同一区域、同一人群甚至同一学校间的不同个体所能享受到的优质义务教育资源的机会存在明显差距，这种差距主要表现在以下方面：

一是学校的不均等性造成义务教育机会的不均等性。义务教育学校的不均等性是一个客观事实，学校间的不均等性主要体现在师资力量、生源、经费、学校硬件设备、教育质量、教学环境、政策环境等方面。这种不均等性既存在于东中西部或城乡不同区域，也存在于同一区域内部。

就不同区域而言，依据相关数据，最发达的城市与最贫困的农村相比，小学生均公用经费相差近 50 倍，初中生均公用经费相差近 100 倍。2005年全国小学体育运动场（馆）面积达标率为 53.04%、音乐器械配备达标率为 41.8%、美术器械配备达标率为 39.91%、数学自然实验仪器达标率为52.29%。普通初中体育运动场（馆）面积达标率为 67.61%、音乐器械配备达标率为 56.58%、美术器械配备达标率为 55.2%、理科实验仪器达标率为71.84%。[2] 以上各项指标本身即说明整体上全国义务教育学校间存在较大的不均等性。

就同一地区的学校而言，通常人们依据学校的各种条件和属性将学校分成五个类别或等级，学校与学校之间的差距依然较大。以北京市海淀区为例，2003 年该区内不同类学校的师资与经费差距见下页表格：

---

① 数据来源：《中国教育经费统计年鉴》，2003、2004 年的有关数据。
② 数据来源：《二〇〇五年全国教育事业发展统计公报》。

2003 年北京市海淀区不同类学校的师资与经费差别 [①]

学校类别	专任教师（%）						经费（万元／校）
	本科毕业	大专毕业	初级	中级	副高级	正高级	
农村小学	8.8	66.2	49.6	52.0	0.4	0	144.0
城镇小学	17.1	66.3	40.4	59.4	0.8	0	451.7
农村初中	47.7	45.3	31.2	54.4	13.4	0	537.7
城镇初中	81.9	16.8	36.6	43.5	17.3	2.7	644.7

上表所列还只是平均数，实际校际之间的差距比表中显示的还要大。由于同样都是实施九年义务教育的学校，不同学校间却存在如此巨大的差异，使得学生进入不同学校就意味着享受不同的义务教育资源，使得不仅"小升初"择校热愈演愈烈，而且进入小学的择校行为也有增无减，"择校"又反过来使不同学校间的差距拉大，这一过程本身的不公平是显而易见的。

二是不同学生受到的义务教育待遇存在差别。这主要是指在同一学校或同一班级内，不同学生受到的义务教育待遇存在着差异。依据调查，引起这种差异的原因有：一是学生的学业成绩，依据现有对学生的评定标准，学业成绩好的则能享受更多的教育资源和机会，反之则可能享受有限的教育资源，甚至被剥夺享受其应该享受的义务教育资源的权利；二是学生的家庭背景，家庭社会地位较高或经济状况较好的学生在学校开展的各种活动，如评优、评定三好、学生干部当选、奖励、文娱活动等方面占先，甚至在座位排定、教师提问等方面也受到或明或暗的不同对待。据北京教育科学研究院的一项调查显示，优质小学在校生父亲的学历在大专以上的占 50%，职业在中层以上的占 64%，明显高于薄弱小学在校生父亲的相关比例 38% 和 46%；优质初中在校生父亲的学历在大专以上的占 55%，职业在中层以上的占 70%，大大高于薄弱校在校生父亲的相关比例 13% 和 26%。在某些学校学生在义务教育阶段受到的差别待遇还与性别、来自城市或乡村、师生关系及老师与家长的私人关系等因素相关。

三是不同学生的发展需要在义务教育过程中满足的程度差别较大。由于

---

① 数据来源：北京市海淀区政协文教卫体委员会调查资料。

义务教育是在工业化社会背景中提出来的，它的前提假设是所有人都可以受同样的教育，而这个前提假设既不符合个体由于潜能多样性产生的对教育需求多样性的要求，也不符合信息社会要求培养有各自个性的人才的需求。在实施义务教育的过程中，由于过于强调依照指定的教学大纲、教材、课时计划等进行教学，对不同学生在义务教育阶段成长与发展的不同需求缺乏全面深入的了解，延误了各种有特殊才能的儿童的特殊才能发展的关键期。尤其是在应试教育模式中，只有相对少数的学生成为所谓的"胜利者"，多数学生成为陪学、陪听、陪考者，他们在义务教育阶段发展的真实需求没有得到符合其个性与潜能的满足，而他们却为此付出了与别人相同的时光与金钱，其中存在的不公平是无法补偿的。

3. 义务教育公平矛盾焦点的判定

1986 年中国第一部《义务教育法》诞生，当年全国小学适龄儿童入学率为 96.4%，小学毕业生升学率仅为 69.5%，初中毛入学率仅为 66.7%，截至 2005 年年底，这三个数据分别提高了 2.75、28.92、28.3 个百分点，"两基"的目标已基本实现。这些数据表明在义务教育阶段人人有学可上这样一个教育公平的目标已实现。实现从人人获得入学机会到人人获得适合其个性与潜能的发展的转变，使人人的教育需求都得到一定程度的满足是未来义务教育工作努力的方向，也是新的矛盾焦点所在。

2006 年 6 月 29 日全国人大通过的新修订的《义务教育法》解决了义务教育的免费问题。然而应该清醒地看到，目前的"普九"成果是低标准的，并且基础相当脆弱，普及义务教育的质量很不牢固，一些地方辍学率、流失率出现反弹，个别地方辍学率高达 10%，辍学的主要原因也由过去的贫困转变为学生对学校的教育教学失去兴趣。这些现象也说明义务教育公平的主要矛盾焦点已由保障入学机会转向提高义务教育的质量——尽可能满足教育对象成长发展的需求。

为此，义务教育学校既要符合在比较广泛范围内一致的最低要求，又要形成各自的特色，如果大家都没有特色，就不能较好地解决义务教育公平的矛盾，就不能够满足人民和社会发展对义务教育的需求。

三、新《义务教育法》执行中的矛盾分析

新修订的《义务教育法》将均衡发展和公平的理念贯彻其中，它是实现义务教育公平发展的法律基础和依据，但基于现实当中义务教育公平矛盾的存在，这一法律在实施过程中将会产生以下三方面的矛盾：

第一是目前已存在的教育不均衡、不公平与《义务教育法》所要求的教育均衡、公平发展的要求、目标的矛盾。

义务教育的不公平已经存在，造成不公平的重点校、校中校等已普遍存在，怎么处理和解决这一问题是教育主管部门实施《义务教育法》过程中不可回避的实际问题。扶持薄弱学校是现在大多数地方都在做的，或者说是普遍认可的解决问题的策略，没有人提出把已经存在的重点学校变成普通学校。但仅仅从一个角度去考虑均衡问题还是有局限性的。新法实施后，关于改制校，学校国有资产应怎样估算，人怎么安排，教师关系怎么放，占有国家编制的老师怎么办，这是一系列需要解决好的问题。

第二是教育之外存在的不均衡、不公平现象和新《义务教育法》所要求的均衡、公平之间的矛盾。社会发展的不均衡、不公平肯定会影响到教育发展的不均衡、不公平。比如说，社会上有一定经济、社会地位的人，他们对子女就学会有较高的要求。但那些弱势群体的子女难道就没有资格享受优质教育吗？新法实施后部分教师待遇降低问题也是这样的例证。一些重点学校的教师，原来的一些待遇来源本身就是不合理的，比如收择校费等。而一些偏远地区的教师待遇，由于当地经济发展相对落后或财政对教育的支持力度不够，总体上是偏低的。这就有可能造成新的不公平。

第三就是法律要求的均衡、公平和我们现有的教育管理体制的矛盾。现有的教育管理体制实际上就存在造成教育不均衡、不公平发展的因素，比如说分级管理，现在强调省级统筹，这在一定程度上会解决一些不均衡的问题，但实际上，它的解决范围还是有限的。教育的主要管理措施还是县一级的教育主管部门在负责实施，各县之间不均衡，单靠省级统筹是否能够实现均衡发展？另外，校长也是有行政级别的，级别不一样怎么做到均衡呢？级别越高的自然掌握的资源就会越丰富。

四、义务教育不公平矛盾存在的原因分析

义务教育不公平矛盾存在的原因是多重复杂的，有人划分为客观和主观原因，有人分为经济、社会、政治原因，还有人分为内部与外部原因，若从实际影响义务教育公平的相对独立的因素分析，主要包括以下几种：

1.经济社会发展状况

从根本上说，教育公平必须建立在一定的经济水平和社会公平的基础上，尤其要在多大程度上确保适龄儿童均等的入学和受教育的基础上体现公平。经济社会发展主要以下列方式影响义务教育的公平：

一是由于经济总量的水平限制，政府能够实际提供的义务教育机会数量不足，难以满足全体适龄儿童接受义务教育的需求。中国在第一部《义务教育法》颁布实施时，整体经济发展水平相对较低，用仅占世界 1.5% 的公共教育经费，对约占世界 20% 的教育对象实施教育，中西部多数县级财政收入 60% 以上用于教育，不少地方政府或集体为实施普及义务教育背上债务，不少家庭"因教致贫"，也有不少义务教育阶段的学生"因贫困失学"，这些都在一定程度上导致义务教育的不公平。在过去的 20 年里，义务教育主要依靠的是地方政府和家庭提供的经费支持，中央和省级政府提供的经费较少，遵循谁出钱谁管事的原则，义务教育的管理也主要由地方负责，而各地经济社会发展差距较大，造成不同地区的义务教育实施的质量与水平参差不齐，中央和省级又没有足够的财力支撑全面整体调整的政策与措施的出台，这种状况也造成义务教育的不公平。

二是社会的阶层分化情况，严重的阶层分化必然影响义务教育的公平。

简言之，在幅员辽阔，地区、家庭和个体间差异较大的中国，义务教育的公平问题需要通过经济发展和社会进步逐步加以解决。

2.城乡二元治理结构

农村经济发展水平较低固然造成义务教育阶段城乡差距明显，但城乡二元结构是导致义务教育不公平的深层原因。

首先，教育机会不平等。户籍制度导致不同人群享受不同的教育机会。长期存在的城乡二元分治的社会结构，导致城乡之间教育经费、教育设施、

师资等义务教育资源存在巨大差异且相互隔绝，不能共享，农村户口的适龄儿童即便在城市居住，也不能或难以享受城市的教育资源。即便是在城市教育资源富余的情况下，这种享用也存在重重障碍，由此强化了城乡之间义务教育机会的不平等。

其次，文化资本积累的差异导致不平等。城乡儿童生活在不同的文化氛围中，农村与城市间的经济文化差距使得农村儿童的文化资本积累受到限制，城乡二元结构使这种限制在一定程度上合法化。而在统一的学业评价标准下，由于城市儿童具有较农村儿童更为丰厚的文化资本积累，农村儿童要在义务教育阶段获得学业的成功要比城市的同等智力水平的儿童困难得多。

再者，教育内容与价值的差异导致的不平等。义务教育的人文社会科学的教材在一定程度上存在强烈的城市生活价值取向，并以此代表着先进、文明、现代，农村价值暗喻着自然、过去与落后，且教材内容中有较多的农村儿童不熟悉的场景与内容，使用农村儿童不熟悉的符号系统，实施农村儿童处于劣势的考试与评价方式，这些都对农村儿童成长与发展造成不利，从而造成不公平。

此外，城乡义务教育政策存在的差异也在一定程度上导致不公平。在教育政策上长期形成的城市优先、重点投入、效率优先，以城市为目的、乡村为工具等政策思路一时还难以改变，这种源于计划经济体制的城乡分割的政策惯性还在发挥作用，并在一定程度上导致城乡间的义务教育不公平。

简言之，城乡二元结构使城乡儿童在享受义务教育资源、入学机会、学习内容、教学与评价等多方面都因存在差异而导致不公平，使得相比城市，在农村有更多的儿童在义务教育过程中被淘汰。

3. 分级管理体制

分级管理是上世纪80年代随着政府的其他权力下放而对基础教育管理权实施的下移，1985年的《中共中央关于教育体制改革的决定》确立并开始实施这一体制，1993年以前实施的是"地方负责，分级管理"，其中的"地方"主要是县、乡两级，1994年以后调整为"以县为主的分级管理"。分级管理的基本精神是由地方政府负责管理和筹措义务教育所需资金，从而中央政府在义务教育经费的筹措与分配中承担相对较低的份额与比重，县、乡两级政府成为实施义务教育的主体，承担着实施义务教育90%以上的费用。从明确责任，调动地方办教育的积极性角度看，分级管理体制确实在一定程度上为基础教育带来活力，加快了普及义务教育的速度。同时，它也拉大了不同地区间教育发展的差距，使得义务教育的发展趋于不均衡：

首先，责任不明确不合理造成不公平。由于"地方负责"的各级政府具体责任没有明确划分，或难以明确划分，客观上导致层层下放义务教育的办学权力，层层下放义务教育经费筹措的责任。近20年以来，普及义务教育的责任和负担主要由县、乡、村三级承担，不少县须将60%以上的财政收入投入到义务教育上，地方为及早普及九年义务教育背上了沉重的债务；同时，掌握了较多税源，具有较大经费筹措能力的中央和省级财政对义务教育承担的责任却很小。这种不合理的状况在1999年实行税费改革，取消教育附加和农村教育集资之后显得更为严重。

其次，拉大了城乡与地区间的差距造成不公平。由于中国各地经济发展状况十分不平衡，这种不平衡突出表现在县、乡两级，不同省之间的人均GDP可能存在一两倍的差距，而同一个省内不同县之间的差距可能达到数十倍，不同乡之间的差距则可能高达数百倍。在分级管理的体制下，因当地经济发展水平的差异，不同县、乡、村之间义务教育生均公用经费差距明显，不同县、乡、村之间义务教育资源不能共享，从而一方面造成义务教育资源一定程度的浪费，另一方面拉动了优质师资及其他优质教育资源的逆向流动，经济发达的地区和城镇教师编制反倒比经济欠发达的地区及农村要宽松得多，教师的工薪收入也高得多，导致全国范围内义务教育较大的不均衡，较大的不公平。

再者，地方领导认识的差异导致不均衡。无论是否以县为主，实行分级管理，义务教育的管理权限在地方，各地不同领导人对义务教育重要性的认识存在较大的差异，而又缺少相应的规范，或无法加以规范，因此各地对义务教育管理的随意性大，甚至存在一些混乱，造成义务教育的不均衡与不公平。

总体上，分级管理是造成义务教育发展不均衡，城乡和不同地区接受义务教育的条件不均等，从而导致义务教育不公平的教育管理因素。

4. 重点校政策

我国各级教育中普遍存在重点校源于恢复高考之后，当时是基于快出人才、出好人才的权宜之计，但在后来发展中受多重因素的影响逐渐演变为教育不公平的触发点。

重点学校政策的主要内容是通过政策的倾斜支持，以"窗口""示范""实验"的名义使一些学校在财源、条件、师资、生源以及评先评优等方面享受了诸多的优惠。这一政策导致失于政策倾斜的学校，有的经过自身的艰苦奋斗，尚能维持在二类校水平，更多的则沦为薄弱校。重点校政策的结果是以不公平的政策保证了少数学校的一枝独秀，而丢掉了大多数学校和学生的发展，它的不公平性是明显的。重点校政策导致不公平的作用机理是：

第一是选择性入学上造成入学机会公平问题。"择校"又反过来使不同学校间的差距拉大。

第二是不同儿童享受优质义务教育资源的机会存在明显差距。重点学校政策人为造成学校的不均等性，义务教育学校的不均等性主要体现在师资力量、生源、经费、学校硬件设备、教育质量、教学环境、政策环境等方面。这种不均等性存在于同一区域内部，对比鲜明，显然不公平。

第三是部分重点中学转制导致新的更大的不公平。近年原有的重点中小学校等优质教育资源纷纷"转制"，办"校中校"，收取高额学费，加大了优质公共教育资源供求的矛盾，助长了择校风的蔓延。公办学校本是公共资源，享受政策倾斜的重点学校反过来收取高额择校费、赞助费，严重偏离了义务教育的基本精神。

第四是加大了教育资源分布的不均衡。重点学校是精英教育政策的体现，在教育财政和教师聘用制度上实行倾斜，从而人为地把学校分为三六九等。大办重点学校、示范性学校使本来就有限的教育资源过多地流向条件好的学校，而对薄弱学校的关注则较少，人为地拉大了学校间的差距。

可见，重点校政策是导致义务教育不公平的主要原因之一。

5. 质量评价标准不合理

合理的评价是实现义务教育公平的杠杆，不合理的评价是造成不公平的重要原因。质量标准是实现深层次的教育公平的重要依据。目前尚未建立起在全国范围内一致且可操作的义务教育评价标准，使得义务教育在实施的过程中存在不公平现象，人为加剧了不公平，影响到学生的培养和发展。这主要表现为：

一是一些学校的质量观偏狭。义务教育学校实行功利性的应试教育，违背以人为本的教育原则和教育的内在规律，未能公平地向所有受教育对象提供受教育者成长与发展所需要的教育。

二是不同学生受到的义务教育待遇存在差别。依据现有对学生的评定标准，在同一学校或同一班级内，不同学生受到的义务教育待遇存在着差异。

三是不同学生的发展需要在义务教育过程中满足的程度差别较大。

四是通过对教师的不公平评价产生不公平。尤其是应试教育主导下的教师评价，认为学生升学率高，考试成绩好的就是好教师。各地普遍实行的是把学生考试成绩作为衡量教师工作业绩的唯一标准，并把学生考试成绩同学校对教师的奖惩、评聘直接挂钩。这在客观上迫使教师在课堂上关注优秀生，以优秀生为参照来确定课堂教学的内容、难度、方式等，却全然不顾那些发展相对滞后的学生。这暴露出课堂教学的极端不公平。

简言之，用更加广阔的视野来考察、分析、思考并解决义务教育公平的矛盾，可以看出义务教育公平矛盾的存在是社会公平问题的历史积累在教育中的体现，其主要矛盾随着社会的发展而发生变化；现阶段义务教育公平的主要矛盾是精英需求与大众利益之间的矛盾，从形而上的层面审视精英需求与大众利益之间的关系，既不能为满足精英的需求而损害大众的利益，也不应为保护大众的利益而不顾精英的需求，而应该在社会的发展中找到这两者的一致点与平衡点，尽可能满足所有受教育对象的成长与发展需求。由于义务教育公平矛盾存在的社会基础将在一定时期内存在，完全彻底解决义务教育公平问题将是一项长期的工作，从社会和谐发展的角度考虑，必须始终不渝地将解决义务教育公平问题当作教育工作重中之重的目标之一。

教育均衡还要通过民意考核

2015年，国家教育督导检查组负责人宣布，北京市整体通过了全国义务教育均衡发展督导评估。相关媒体以北京义务教育均衡发展通过"国考"加以报道。至此，全国已经有28个省份的757个县（市、区）通过国家督导评估认定，占全国县（市、区）总数的26%。

通过督导评估推动义务教育均衡发展，无疑是一项行之有效的措施。以北京市为例，取消共建入学，规范特长生入学，启用全市统一的小学和初中入学服务系统，均收到明显的效果。通过"国考"，是对这些工作成效的肯定。

只是，通过"国考"，是否意味着这些地区的教育均衡问题已经得到较好解决了呢？要知道答案其实不难，只需要到已经通过国家评估认定的757个县（市、区）问普通市民一个问题：你认为当地的义务教育均衡了吗？收回问卷作个统计，结果就可以一清二楚了。

如报道所言，此次督导评估把公众评价作为重要参考，共发放满意度调查问卷8988份，回收有效问卷8709份，并采取随机访谈等形式征求了公众意见。问卷结果显示，公众满意度超过85%。但是，假若有一家独立的第三方专业组织作这种调查，满意度是否还能这么高，就要打个问号了。

说白了，就是教育均衡不仅要通过"国考"，还要真正通过民意考核。目前，学校布局、师资条件、校际差距、特殊人群等影响到教育均衡的基本问题尚未得到彻底解决。如果占到全国26%的县（市、区）的老百姓并不认为或者部分不认为他们那里的教育均衡已经达标，那么这些地方就还需要在解决教育均衡上下功夫。

　　不管是哪一家考核，最终还要看实效。我国义务教育不均衡形成的时间较长，造成不均衡的体制、机制依然存在。解决教育均衡依然任重道远，其中的难关，还需要各方面齐心协力去攻克。

"零择校"不是教育公平与均衡的终点

整体上看，人民满意的教育必须具有公平与均衡的基本特性。一些地方为实现这一目标抓住按权择校和按钱择校这两个牛鼻子，无疑是抓住了关键。然而，以是否有择校来衡量教育是否公平和均衡则过于绝对。因为教育是否具有选择性也是人民满意与否的一个重要指标。或者说，择校是学生和家长的基本权利，在当前也是检验一个地方教育是否真正均衡的尺度。但是否存在择校，受多种因素影响。过去由于交通闭塞、经济条件不发达，几乎不存在择校现象，随着经济水平的提高，人们对优质教育资源的需求越来越旺盛。因此，现有义务教育资源的不均衡和不同人群对学校选择权利的不平等才成为"择校热"持久未解的根源。

浙江教育主管部门提出"公办不择校、择校找民校"，在全省推行"零择校"的做法是在教育从不均衡到均衡过渡阶段采取的强制手段，而并非老百姓不想择校。实际上，硬性取缔学生和家长选择学校的权利，并不利于学校之间适度的良性竞争。学生和家长有寻求更好地满足自己教育需求的权利，具体体现为拥有适当的选择学校的权利。当然，这种选择并不是仅仅以学校办学质量的好坏为单一标准，而是以学校是否能够更好地服务于学生的成长发展、是否更具特色、是否能为有特殊需要的儿童服务这样的标准进行选择。放开这种选择将会更加有助于整体教育质量的提高，这样的择校才是良性的择校，这种择校不但不应该采取行政措施加以禁止，而且可以创造一定的条件，让孩子们选择到适合每一个人的学校。

在目前教育资源很不均衡的情况下，采取"零择校"这样的强制措施避免择校有一定的合理性，可以解决当前因择校滋生的诸多社会问题，但"零择校"不是教育公平与均衡的终点。政府部门接下来要做的就是从公共政策入手，进一步推动教育资源的均衡，为教育公平创造更好的条件，完善学校硬件设施建设、内部设施配置、师资力量配备等。在此基础上，让这些学校发展各自的特色，进行公平竞争，同时建立公平前提下的新规则，允许适度择校，最终的目标就是办人民满意的教育。

"零择校"并不是终极目标，实现了"零择校"也不能止步不前，真正好的教育局面应该是提供能满足不同人群需要的多样性的教育。各个学校各有特色，你能培养学生哪个方面的特长，发挥哪方面的优势，政府就做好这方面的服务，而不是各个学校之间有质量高低的差距，这样才能保障有各种天赋的孩子，都能获得满足其成长发展需要的教育服务。

PART 4

第四辑

教育需要情怀，更需要责任

培养公民是教育的重要责任

　　现代社会无疑需要由公民组成，由于经历过长期的封建社会和臣民生活与教育，中国人普遍缺乏公民意识，以致现今在不少人的意识中，"公民"还是个陌生词，甚至有些人还将它当作敏感词。出现这种现象当然有多种原因，其中长期忽视公民教育是重要原因之一。

　　有鉴于此，培养公民就成为各级各类教育义不容辞的责任。或许正因为此，《规划纲要》不到 3 万字的文本中，就有 5 次出现"公民"一词，分别是：强调"教育公平的关键是机会公平，基本要求是保障公民依法享有受教育的权利"；在战略目标中明确"坚持教育的公益性和普惠性，保障公民依法享有接受良好教育的机会"；在强调德育时提出"加强公民意识教育，树立社会主义民主法治、自由平等、公平正义理念，培养社会主义合格公民"；在依法治教部分强调"开展普法教育。促进师生员工提高法律素质和公民意识，自觉知法守法，遵守公共生活秩序，做遵纪守法的楷模"。

　　这说明，公民社会的到来是不可逆转的，尤其是纲要明确提出"加强公民意识教育，树立社会主义民主法治、自由平等、公平正义理念，培养社会主义合格公民"，点明了公民教育的基本价值取向。

　　培养合格公民是一件很重要的事，也是一件很艰难的事，需要明确目标，切实贯彻落实。公民教育就是教人明了作为公民有哪些权利和义务、对这个国家有哪些责任。权利和义务是双向的，有义务的人必然拥有权利；如果没有权利，就没有义务，也无法履行义务；享有基本权利的人就有保卫这个国家，为这个国家有所牺牲、奉献的义务。培养公民意识是培养合格公民的起点，公民意识就是使人意识到自己的权利和义务，意识到自己在国家中的主人公地位，并积极主动地参与到国家和民生事务的讨论和行动中去。

《宪法》是中国核心价值的法律体现，公民教育首先要做的就是让所有教育工作者和受教育者真正学好《宪法》。《宪法》第三十三条规定："凡具有中华人民共和国国籍的人都是中华人民共和国公民。""中华人民共和国公民在法律面前一律平等。"其中第三十四条确立了"选举权和被选举权"；第三十五条确立了"言论、出版、集会、结社、游行、示威的自由"；第三十六条确立了"宗教信仰自由"；第三十七条确立了"公民的人身自由不受侵犯"，"任何公民，非经人民检察院批准或者决定或者人民法院决定，并由公安机关执行，不受逮捕"；第三十八条确立了"人格尊严不受侵犯"；第三十九条确立了"公民的住宅不受侵犯"；第四十条确立了"通信自由和通信秘密受法律的保护"；第四十一条确立了"公民对于任何国家机关和国家工作人员，有提出批评和建议的权利；对于任何国家机关和国家工作人员的违法失职行为，有向有关国家机关提出申诉、控告或者检举的权利"；第四十二条确立了"公民有劳动的权利和义务"。依据在一定范围内对师生的调查，不少人对《宪法》赋予了自己这些权利和义务感到愕然，甚至有人认为这些是某些人散发的传单的内容。由此可见，公民教育任重道远而又刻不容缓！

培养合格公民不宜纸上谈兵，合格公民的教育内容包括公民道德、公民价值观、公民知识和公民参与技能。仅仅局限于知识的教育不是真正的公民教育，仅仅局限于道德的教育是空洞的教育，仅仅局限于价值观的教育更是虚无缥渺的，真正的公民教育需要知行合一，理论与实践结合，需要从校园生活民主开始，需要让学生从小就意识到自己的权利和义务，并通过真正的学生自治培养公民的意识和能力。

公民教育的发展方向是建立公民社会，公民社会是一个责任社会，因而需要培养民主参与能力，学会公共沟通，学会公共决策，发展冲突管理能力，强化品德教育，善于探究社区公共议题，推动社会改造方案的形成。当然，也包括学会如何在权势与金钱的面前保持个人的尊严，实践《宪法》赋予每一个公民的思想信仰、言论、出版自由以及选举与被选举等权利。

公民教育要让学生明白为什么社会需要一个政府，明了国家政权的性质、功能、机构、运作程序，政府对公民有何义务，它的权力应当受到怎样的限制和规范，为什么公民需要有言论、出版等自由，如何去保障这些自由，以及如何去获得社会秩序和个人自由之间的平衡，而不是简单地给个标准答案。

公民教育当然需要系统地把真正有价值的、符合人类文明基本准则的政治学、伦理学知识传授给学生，也需要将建立公民社会的启蒙知识传授给学生；但又不是将学生关在校园里，而是应该让学生更多地去接触社会、了解社会，多开展一些社会公益活动，并将参与公益活动的态度、效果作为对学生的考核内容之一。

公民教育不是仅仅教给学生一堆结论，而是要教会学生思考社会问题，了解社会的真实状况，培养学生的独立思考能力和对社会的分析批判能力，培养学生对现实社会的敏锐观察力和进行批判的道德勇气。要让学生在实践中领会公民的精神，体验什么是合理的社会，思考究竟要建立一个怎样的社会，然后再去考虑如何实现这样的目标。这样才能培养心智和人格健全的公民。

公民教育的最终目标就是创造一个理想的社会，这个理想社会是所有人认同和选择的结果，因而需要培养学生对真理的探究精神，对历史的思索能力，对社会现实的批判精神，促其为实现理想社会而不懈追求。

由此看来，公民是中华民族的希望，公民教育是中华民族的核心利益之一。

做人是最基本的教育

一讲到重视教育，人们惯常想到或讲到的就是花钱建学校，花钱让孩子进重点学校、出国留学。在专门从事教育工作的人眼中，一讲到教育，或许只是读书、上课、考试、升学、拿学位。事实上，人们下意识地忽视了最基础也是最重要的教育，那就是做人。

每一个人如何做人，都是对他身边的人的教育，家长、老师在孩子面前说谎，就是教育孩子说谎；干部、领导作假、吹牛、拍马、急功近利、趋炎附势，便是将整个社会的人引上歧路。

曾经有一个地方的领导，为了显示重视教育的政绩，带着我去看了一个花费数亿元建起的教育示范区。我问他，全市有多少义务教育阶段的学生能进示范区学习，他说大约四分之一；我问他会不会出现择校和大班额现象，他说有可能会，他们有办法控制。显然，他内心里即认为人就是分三六九等的，就应该受他控制的，这样的教育不会成为真正的优质教育。

当下的教育确实缺钱，但最薄弱的环节不是钱，而是大家都不注重如何做人，见利忘义，卖身求荣，丧失人格。在管理和教育教学的各个环节，由于权势的过度介入而作假泛滥：论文作假、评奖作假、课题作假、职称作假，甚至评三好生、选学生干部和节庆时的演出活动都作假。在这样一种失去最基本的正当做人前提的状况下，教育确实堪危！

想起徐特立曾反复强调的一个观点："实事求是，不自以为是"。这是徐特立为人处世的一个基本原则和总的指导思想，贯穿于他一生的行为、思想和活动之中，也是徐特立一贯倡导的作风。他在做人上可供当下不少人参考。

徐特立曾说:"读书人不一定有知识,真正的常识是懂得知识,会思想,能工作。"在品德教育上,徐特立注重言传身教,以身作则,从实际出发,因人施教,严格要求,尊重人格,积极疏导,耐心说服,这些都是实事求是的体现。

徐特立的"实事求是,不自以为是"还体现在它对人对事的态度上。在长沙办学时,田汉(国歌的词作者)入学买不起蚊帐,徐特立便买了一顶送给他。而徐特立自己为了节省开支,却把自己的家小安排在乡下,每逢假日回家,他要步行往返80公里。一次查夜时,他发现有新生因烂脚而呻吟,便亲自打水给他洗脚上药。此事传出后,一些教师认为他太失校长"身份",学生却因此对他更为敬仰。

在江西苏区,教育部长是瞿秋白,徐特立是副部长。虽然瞿秋白年龄比徐特立小,一段时间在上海不能到苏区工作,但徐特立仍然十分敬重瞿秋白的学问和才华,服从瞿秋白的领导。红军长征出发前,瞿秋白受到不公正对待,未能跟主力长征。瞿秋白在自己生死未卜的时候,将自己的一匹好马换给徐特立。虽然徐特立在路上常将马让给别人骑,但这丝毫没有影响他对瞿秋白的由衷感激。1949年后,瞿秋白长期被当成路线斗争的对象,然而徐特立对他却依然敬仰不减。

在延安时期,徐特立觉得陶行知的教育理论和做法值得学习。他虽比陶行知年长14岁,却谦虚地以陶氏私淑弟子自命,不仅在延安发动教育界学习陶行知,而且在与别人通信的时候自号"师陶"。1951年批判电影《武训传》后接着批判陶行知,当时要求所有赞颂过陶行知或与陶行知有关联的人都写检讨,徐特立想不通,也就没有行动,保持沉默。于是有人告诉他:共产党人以马克思为师,你至少要说清为什么取名"师陶"。徐特立回答道:"按照客观规律办事,'师陶'和'师马'就是一致的。"于是徐特立提出"申请免职",成为这次运动中少数几个没有直接批判陶行知的人之一。

1949年后,徐特立有个系统庞大的编写工作计划,结果因为教育上一边倒地学苏联而未付诸实现。他不赞成"大跃进"和"文化大革命",反对浮夸和弄虚作假,他说:"浮夸风其目的是骗他人,结果把社会信用失掉,使自己孤立而垮台,并人格也丧尽。一切自谓聪明缺乏考实作风者,必贻害社会且灾及子孙。"

在我们大声疾呼教育需要重视、教育需要投资、教育需要法治、教育需要改革、教育需要优先发展等等的同时，绝对不要忽视办好教育的最重要、最根本的前提：全社会的人学会如何做人，尤其是那些影响比别人大一点或大很多的领导干部、明星、专家、父母、教师或其他相对强势的社会成员，一定要明确意识到，自己的为人就是对他人的教育，自己没有学好做人就是对整个社会的伤害，就是对教育根基的伤害，就是对教育的负投入。

有鉴于此，如果一个人真正重视教育，就从自己每时每刻的做人处世开始，争取做一个真人、主人、人中人，而不要做假人、奴仆或奴役别人的人，彻底消除中国数千年来形成的做人上人的思想观念。

重视教育当从每个人学会做人开始，人人都可以为此做出自己可做的事。

城市实施免费义务教育关键在于取消"择校费"

2008 年，温家宝在政府工作报告中提出要在全国城乡普遍实行免费义务教育，并明确从当年秋季起全面免除城市义务教育学杂费。这对一些在义务教育免费问题上尚处在观望状态的城市政府无疑是一个敦促。

由于对"费"的理解不一，城市家庭与农村家庭对这一政策实施的感受可能会有较大的差异。在农村，免除学杂费后孩子上学基本上没有什么费用了；而在城市，每学期区区数百元的学杂费相对于生均一两万元、最高十来万的"择校费"实属九牛一毛。免除学杂费在城市并不意味着真正的免费，正如以前反复说"义务教育不收学费，只收杂费"那样，大家意识中的义务教育依然是收费的，近些年来实施免费义务教育政策的政府行动也证明了以前实施的不是免费义务教育。

是不是还需要在数年之后，各个城市再来一次免除"择校费"的政策行动来证明 2008 年秋天开始实施的仅仅免除学杂费的城市义务教育并非免费义务教育呢？这种猜想有可能会在一些地方成为现实。一旦成为现实便无疑会引起城市家庭对政府所实施政策的猜疑，并直接影响政府的公信力。

正因为此，城市实施免费义务教育关键在于取消义务教育阶段一切形式的择校收费，否则难以让人们认为城市真正实施了免费义务教育。免除学杂费只能看作城市实施免费义务教育的一个步骤，不能认为是全部目标，也不能简单地将这一措施说成是在城市实施了免费义务教育。

取消"择校费"引发的问题有：

一是教育经费的不足。城市实施义务教育所需的生均经费明显高于农村，在一些大城市年生均经费约万元，取消择校费之后财政必须迅速增加教育经费。

二是择校是否会更激烈。既然收那么高的"择校费"大家还挤破头，一旦不收费了不就更紧张了，会不会对那些家庭背景较硬的孩子更加有利？这些想法是有一定依据的。解决这一问题的关键在于采取切实的措施促进城市实施义务教育的学校均衡发展，而实现这一目标需要一个较漫长的过程。

由此可见，在城市实施真正的免费义务教育本身不只是一个免除费用的问题，而且是一个涉及整个城市办学理念、教育政策、体系、结构调整的问题；对城市免费义务教育的设计也不能仅仅局限于免费，更不应仅仅局限于免除学生区区数百元的学杂费，而应从更深层次为城市的免费义务教育铺垫基础，既使免费政策实施能实现真正的免费义务教育，又使免费义务教育成为水到渠成的结果而不是强扭的瓜儿。

每个人都有对教育的责任

孩子 2007 年秋一开学就抱回夏秋两季校服四套。后来有一阵子降温，孩子换上秋季校服，可刚穿两天，就叫嚷："老妈，这裤子老是往下掉！"原来那裤带是涤纶绳的，太光滑了，打不住结，孩子稍一活动就松开了。

我拿起校服一瞧，看见上面印有"学装管理中心监制"字样，看来这不是个小问题。想想看，有那么多买这套校服的中小学生稍一活动裤子就往下掉，他们会多烦恼！

出于教育研究工作的职业习惯，我在想为什么会出现这种问题，是厂家为减少成本？是学装管理中心监制责任未尽到？这其实都是直接的也是枝节的原因，更深层的原因是人们没有确立将满足学生成长和发展的需求放在重要位置的观念。而这种观念本应是与教育相关的各个行业都应确立的基本职业操守，但事实上好像很多人都没有这种观念，由此引发做了一系列以行业或自身利益为重，却对孩子们不利的事。

比如内容有限的教科书却流行大开本、高克重铜版纸彩印，企业利润是增加了，孩子们的书包却变重了；学校为外观漂亮大面积采用玻璃墙，却损害了孩子的眼睛；为提高考试成绩，老师设法补课、增加作业量，弄得孩子们没有玩的时间了；一些学校领导四处奔走，风光得很，孩子的成长和发展到底需要什么却被忽视……

当然，不能以学生为本，还有更深刻的社会体制及教育体制的原因，不可能一两天就改观，但以此为借口将一切责任推得一干二净是当前最流行也最要不得的态度。

可以说，现实中每个人都生活在与青少年相关的教育环境之中，每个人都有一份对教育的责任。只要每个人都以青少年的成长和发展为己任，留心身边发生的一切，就都能做一件力所能及的事。我就见过一位老大娘看到两个小孩动起手脚，便上前对那个大些的小孩说："他可是你的小弟弟呀！"

　　所以，当我们从事一件与教育相关的事时，当我们身处与教育相关的环境时，我们都是教育工作者，都不要忘记自己的教育责任，都可以从有利于小孩子成长和发展的角度对自己的行为加以改进，小到一举手一投足，大到教育管理体制改革。只有越来越多的人抱有这种态度，中国的教育才会越来越有希望，中国的未来也才会越来越有希望。

应叫停校际不均衡而非个性化教学

2012 年，备受关注的合肥一中"创新人才班"、合肥八中"资优生班"被当地教育部门叫停。据报道，举办这两个班旨在创新人才培养模式，这两个班招收的学生都具有拔尖创新潜质，都将在 16 周岁以前参加高考，目标瞄准中科大少年班。一时间，"神童班"被叫停的新闻引发社会广泛关注。

培养创新人才是全社会对教育的期待，为何这种"创新班"要被叫停？

从媒体报道的事实来看，在这两所学校的设计中，都包含着一个假定：我找到了一条快速成才的捷径，3 年课程 2 年学完，或 6 年课程 4 年完成，目标都瞄准中科大少年班。这一目标具有较大的诱惑力，对极少数学生来说是有可能实现的。但实现的前提是进一步强化片面知识的超限培训，而非对个体全方位素质的培养，难免不揠苗助长，损害学生的身心健康和长远发展。

我认为，叫停"神童班"不仅是从成长规律出发呵护学生，更为重要的是消除对义务教育均衡生态的破坏。毋庸讳言，当前在一些城市，存在着一些"牛校"，他们平常的话语权就比其他学校大，还惯于提前"掐尖"招到好生源，从各地挖优秀教师，由此破坏了原本各校都应遵从的校际伦理，使得各地原本就不均衡的教育资源更不均衡，形成并强化已经严重影响各地教育公平的梯级择校模式。简言之，这次叫停"神童班"减小了当地教育资源不均衡的可能性。

令人遗憾的是，合肥有关部门对叫停理由的解释比较抽象，比如不符合《义务教育法》、增加学生的课业负担，而未提及学校间的发展不均衡。这说明今后有必要在全国范围内更加明确、深入、具体细致地落实义务教育均衡发展的要求，进一步清理已有的导致义务教育阶段学校间不平等、不均衡的政策。

从另外一个角度来思考，长期以来，很多义务教育阶段的学校习惯于按部就班，只会要求学生学习规定的课程，忽视不同潜能的学生差异化的成长发展需要，以致错过一些重要能力发展的关键期和最佳期，导致不少杰出人才湮没于义务教育阶段的不当教育。

因此，这次叫停不能看成是对个性化教学的叫停，相反要引起所有义务教育阶段学校的反思：在完成国家规定课程要求的同时，应积极自主探索个性化教学。智力超常的孩子事实上就在每一所学校里，每一所学校都要承担起自己的责任，进一步了解学生，尊重学生，为他们提供一条适合的成才通道。在这方面每所学校都大有可为。

教育问责也须落到实处

2008年"毒奶粉事件"再一次推动了中国政府对官员的问责，然而问责在中国还远远没有成为一种常规和制度。2006年9月1日起施行的新修订的《义务教育法》即引入了问责制，然而多年来却没有落到实处。

该法第九条明确："发生违反本法的重大事件，妨碍义务教育实施，造成重大社会影响的，负有领导责任的人民政府或者人民政府教育行政部门负责人应当引咎辞职。"第五十一条为："国务院有关部门和地方各级人民政府违反本法第六章（经费保障）的规定，未履行对义务教育经费保障职责的，由国务院或者上级地方人民政府责令限期改正；情节严重的，对直接负责的主管人员和其他直接责任人员依法给予行政处分。"此外，"学校建设不符合国家规定的办学标准、选址要求和建设标准"，"未定期对学校校舍安全进行检查，并及时维修、改造"，"未依照本法规定均衡安排义务教育经费"，"将学校分为重点学校和非重点学校"，"侵占、挪用义务教育经费"等均被列入问责范围。

事实上，各地与上述法律要求相违背的事件大量发生，其中包括审计部门审计出的义务教育经费方面的严重问题，大都与地方行政官员们的失职甚至渎职不无关系，然而却没有人真正被问责，这不能不引发人们的疑问：《义务教育法》是一纸空文吗？它的法律效力何在？

出现上述情况的原因在于政府信息不公开，问责主体不明晰，问责客体界限不清晰，《义务教育法》的问责制仍未摆脱"行政问责"的桎梏，问责对象不能以法律的形式加以细化和明确，一些人很可能成为被"冤屈"的"替罪羊"，也可能成为某些官员相互勾结后的挡箭牌。其核心问题是：政府违反了《义务教育法》，谁去追究？如何追究？追究的力度如何？能否让老百姓看到追究的结果？

如何将教育上的问责制落到实处，已成为《义务教育法》实施过程中遇到的尴尬问题：如果不贯彻落实这部法律或者违背了这部法律，就要追究直接负责人的法律责任，但现在却不清楚到底谁是直接责任人。

《义务教育法》的问责不能落实危害深重：一是由于它的影响面遍及全国城乡，引发人们对政府广泛的不信任；二是直接对在校学生的影响，它降低了法律在他们心目中的地位，带来整个下一代法律意识的淡薄以及对法律的曲解。

因此，教育上的问责是比任何其他领域的问责都要更加重要的问责，教育问责不能落到实处，就是对中华民族的未来不负责任。

教育局长专业化是个真问题

2014 年 8 月 25 日，哈尔滨市人大常委会通过了一项决定：免去秦某畜牧兽医局局长职务，任命其为教育局局长。该任命公布后迅速引发舆论热议，有网友认为该项任命存在外行管理内行的问题，也有网友认为此前秦某曾在学校当过三年教师，加上地方工作经验丰富，不应质疑该任命。

凭现有的公开信息，既不能认为秦某任教育局长是不合格的，也不能作出这项任命合理合规的结论。至少根据《公务员调任规定（试行）》第二章第二条规定，调任要具有与拟调任职位要求相当的工作经历和任职资历。若把所有岗位仅当作某个级别上的分派，这项任命就没有什么不妥。但是，若从专业角度看，这个局长的教育工作经历确实过短，这一调任因此被很多人认为轻率。

这项任命之所以受到质疑并引发广泛关注，还在于外行调任管理教育的现象在全国范围内并非个案，相反带有一定的普遍性。据有关人士在一定范围内所作的调查，现有的县级教育局长中，超过半数没有教育工作的经历。我在各地作实地调查时，也感到 20 世纪 80 年代尚有不少地方的教育局长比较有教育情怀，也比较懂教育；20 世纪 90 年代就有比较多的人因为能为教育筹到钱而走上教育局长岗位；2000 年后，越来越多的人因为有比较强的行政关系而走上教育局长的岗位。通常在一个县市的范围内，教育局长是排在人事局长、财政局长之后的比较有实权和实力的局长，这样一个"权位"次序决定了在行政任命过程中有比较多的教育局长没有多少教育工作经历。

显然，上述安排较少从教育专业的角度考虑问题。我到各地调查时也常能观察到一些有趣的现象：一些教育局长由于比较多地把教育当政绩，不尊重教育规律的事常有发生；一些教育局长过于依赖行政指令办教育，而较少依据专业规则办教育；在作风上官僚气十足，缺乏教育情怀和人文气息；把教育局长这个岗位当作官位进阶的人多了起来，扎根办好教育的人少了，于是在教育这项长效工作中出现较多的短期行为，在一些地方已经导致明显的损伤。也就是说，撇开这项任命的个案不论，在各地确实存在教育局长缺乏教育专业知识，不按教育规律办事的情况；教育局长的"官员化"而非专业化的现象的确是事实，是亟须相关机构尽快厘清并加以切实解决的真问题。

若从个别案例来说，没有教育工作经历的局长能否真的把教育工作做好，并没有一个确定的结论。有的教育局长为人比较谦虚，肯于听取专业人士的意见，也获得较好的口碑，取得了不错的业绩。但是，如果非专业或没有教育工作经历的教育局长按照抓经济的路子管理教育，教育工作就形不成专业的工作体系，必将影响到整个社会的教育发展水平和质量。

所以，尽快改革教育局长的任用制度是实现教育家办学必不可少的前提。教育是政府管理的各项工作中专业化要求很强的社会公共事业，地方教育局长是这一事业的具体领导者和组织实施者。教育事业的健康发展迫切需要一支专业化、高水平的管理队伍和实施队伍。

把教育局长的行政性看得过重，专业性看得过轻，甚至根本无视其专业性，是出现教育局长非专业化的观念基础。这种观念正是长期以来教育投入不少但收效不显的重要原因之一。有的地方政府更希望有一位便于指派的教育局长，而不希望有一位将行政指令与专业规律和规则放在一起权衡后再以合适的方式执行的专业局长，是这类任命层出不穷的机制性原因。而这两者的结合造成非专业局长的增加，将导致很长一段时间内教育生态的恶化。

眼下，欲提高各级各类教育的管理水平、办学水平，必须大力推进教育家办教育，挑选具有现代教育专业素养的教育局长，尽快建立地方教育局长的专业化标准，完善地方教育局长选拔任用制度。干部管理部门在具有教育局长任职专业资格的人选中遴选教育局长，应该作为一项基本要求，列入政府人事任免的基本规范。

该做且能做的事一刻也不能等

2015 年，甘肃省教育厅将代课教师招考年龄限制放宽至 60 岁，有 400 多名代课教师通过考试转为正式教师，其中年龄最大的 54 岁。这一举措不仅满足了几百名代课教师数十年的期待，也为解决甘肃教师紧缺问题打开了一条切合实际的大门。

在全国不可能制定统一招聘代课教师新政策的时候，甘肃这一政策值得嘉许的地方就在于它没有左顾右盼，而是依据甘肃的实际，及时地做了他们该做且能做的事。

据报道，截至 2015 年 4 月，甘肃在岗的代课教师仍有 7816 人，主要分布在陇东、陇南地区，其中中专（中师）、高中及以下学历的占 51%，不具备教师资格的占 34%，平均代课年限 21 年，平均年龄 47 岁。他们的工作岗位大都在偏远农村，短期内新入职的有教师资格的大学毕业生数量不够，而且既派不下去，也留不住人。在这种情况下，不能让干了几十年的代课教师的基本权利毫无保障，不能让偏远乡村的孩子没有教师，不能等着或刻板地执行全国统一的政策。

事实上，全国各地的教育或多或少都存在一些问题，不少地方的问题长期积压得不到解决的重要原因之一，就是有些政府部门人员往往在处理没有统一政策的问题时，犹豫不决，担心自己采取符合实际的解决方法是否违背上级的意愿，是否会给自己的前途带来不利影响。

各地的省情、民情差别较大，不存在适合全国所有地区的标准答案，也不存在一个文件就能解决所有问题的政策。在这种情况下，越多的人等待就会有越多的问题积累，而长期积累就会成为大问题，就会贻误时机，积重难返。从小处看，这损害了个人和局部的基本权利；从大处看，则损害了国家整体的发展机遇。

所以，有必要系统思考，将解决教育问题的决策权下放给一定范围的教育当事人，缩短问题与决策之间的距离，形成迅速及时的反馈和决策机制，降低问题解决的成本，避免信息失真，有效促进问题的解决，形成良性循环。

当然，出现当前的困境，既有体制的原因，也有观念的原因。在体制上需要解决权责分明的问题，要把解决众多问题的决策权下放。要把更多的决策权交给当事人，由当事人协商达成共识后解决，并对因未能有效决策造成问题扩大的当事人进行问责。

广义地说，每个与教育相关的人都是教育当事人，事实上不少家长、学生、教师面对一些长期存在的问题已经疲倦，有些人只好无奈选择用脚投票。面对众多的教育问题，"等靠要"不是解决之道。对于那些理所当然、力所能及应该解决的问题，就应该拿出点"义不容辞"的精神来，一刻也不能等。政府主管部门要真正把事情担起来，敢于"闯改创"，为各地的教育事业办好一件件实事。当然，这道理，又岂只适用于教育领域？

就读地高考应抓住关键系统推进

务工人员随迁子女就读地高考本质上是城市化进程中现有城市管理体制对农民工权益保障不能包容所造成的问题，而非老市民与新市民之间的对决。因此解决这一问题的基本思路应是改革不适应社会发展的高校招生体制。

这种改革无疑需要抓住关键问题。就随迁子女就读地高考问题而言，直接与它相关的两个关键点一是现有的户籍制度，二是现在实行的计划招生体制。若向深层追问，全国范围内教育发展的不均衡以及接受高等教育的权利和机会不平等才是问题的症结所在。

由此看来，不下系统的体制变革功夫，仅仅依靠各省市制定接收随迁子女就读地高考的方案是赋权与责任不相称的，也无法从根本上解决问题，若把握不当还会激化矛盾。尤其是像北上广三地外来务工人员随迁子女较多，它实质上是全国范围内整体发展战略、赋权模式与资源配置不当所引发的次生问题，就更不能仅仅靠这三地的地方政府所制订的方案来解决问题。而是应当积极寻求更为系统解决这一问题的可行方案。就读地高考问题仅仅是农民工权益保障缺失已经浮出水面的部分，彻底解决这一系列问题有赖于户籍制度变革，在此不赘述。仅就高考问题而言，改变数十年以来实行的计划招生体制才是真正的核心问题，建立以高校完全自主招生为基础的专业、透明、公正的招生录取机制才是从长远看必须经历的过程，更是现实中可行的路径。

最终实现全国范围内的高校录取的机会均等是系统解决就读地高考问题的大目标。若实行完全自主招生，在各校都想招到更好生源的动机激励下，各校必然在全国乃至更大范围内寻找最适合自己招收的学生，更好地实现高校与考生之间在相互了解基础上的自主选择，从而在整体上不需在全国省市内分配指标就能形成一个平衡机制。

目前公众对这一变革最大的担心是滋生腐败和高校完全的利益导向。任何体制本身都不可能尽善尽美，对此要作出的判断是，依据以人为本的理念，从专业和更有利于考生成长发展以及整个教育评价体系的优化长远考虑，计划招生体制与高校自主招生体制哪一个更好？事实上世界各国的例证已经给出了明确的判定。既然如此，接下来要做的就是完善高校自主招生体制，各校建立专业的招生团队，提高它的专业性、透明度、公正性，建立有效的监督和调节机制。

系统解决就读地高考问题的"系统"还应包括把全国教育当作一个大系统，中央政府要花大力气与各地联手解决全国范围内教育的不均衡问题，各地要做好自己责权范围内应该做好的事。只有这个大问题解决好了，北上广等地解决方案实施后才不会发生"雪崩式"的就学爆满。

考务工作亟须还原专业主导

2012年度同等学力申硕考试发生"收钱改分数"的惊人事件，这再一次为中国各类考试的行政主导模式敲响了警钟。

事实上类似的事件已不止一两次，2007年、2009年、2011年，医师资格考试出现"隔年泄"；2008年、2011年，业内视为最难最牛的注册会计师考试被曝泄题；2010年、2011年，湖南和广东高考先后陷入语文作文泄题风波；2012年，研究生入学考试的英语科目开考前一个小时，广东、长沙、武汉、北京、太原等地考生收到了答案短信；2012年，全国自学考试统考科目英语（二）的题目和答案考前6小时在贴吧流传。

再以2012年高考中出现的数起事件为例：

6月7日下午4时50分，陕西省子洲县第三中学考点数学考试中收卷铃声提前10分钟响起，播音员也立即发出终止考试的通知。一分钟后，错误响铃被纠正。然而不少考场内，监考老师已要求考生停止答题，并开始收卷，考场秩序一度混乱。不过也有一些有经验的监考老师恪守了下午5时结束考试的规定，并没有提前收卷。

6月8日上午，湖南省洞口县九中考点信号员错发信号，导致考试提前4分48秒结束，直接影响了1050名考生。

每次出现这种事件的解决办法似乎都有一条：加强领导。这贴灵丹妙药多次使用依然出现各种问题，就应该深刻思考出现这类问题的真正原因在哪里。事实上问题出在行政主导而非专业主导的考试上。

上述高考中出现的两个类似事件，其中又有细微的不类似，即"有经验的监考老师恪守了下午5时结束考试的规定，并没有提前收卷"。这细微的不类似之处正是发现现行高考问题所在的踪迹。

弄错了时间这是考生都知道的事，事实上现有的高考差错还存在于考生不知道的环节，如出题、判卷、统计，甚至包括湖北那位周老师拿准考证遭到歹徒袭击的事件。大量同类案例说明，这些环节出差错的主要原因就在于现有的高考依然还是行政主导的高考，而不是专业主导的高考。它行事的准则是行政要求和指令，而非专业的标准。那些有经验的监考老师不小心暴露了高考行政性弊端的马脚。

在行政主导的考试中，行政人员到考场巡视而不在乎是否影响考生答卷，行政系统的各个部门都希望在高考中充当一个角色来显示政绩，一些部门还想方设法尽可能张扬一点以突出自己，而不是大象显于无形地做好本职的服务工作，更难做到真正以考生为本，以考出真实的成绩为目标。

这种体制出了问题当然要官员负责，然而，往往出了差错之后哪级官员都无法负责。以高考发生的事件为例，对于某些考生，大约 5 分钟能答一道大题，可能拿到 20 分，而对另一些考生最后这点时间只是干坐着等待考试结束的铃声，一分也拿不到。哪一级的调查、汇报、处理都不可能真正解决考生的问题，考生情绪的影响更无法弥补，对出差错人员的处理也无补于考生的损失，最后依然只能是大事化小。

彻底的亡羊补牢之策就是尽快实现包括高考在内的各类考试由行政主导向专业主导、行政辅助转变。考试背后的种种泄题作弊行为屡禁不止，考试的种种作弊反倒已经成了一条龙服务，这条龙的龙头是灰色的权力，解决不了对考试过程中灰色权力的监督问题，就不可能彻底解决考试过程中出现的各种问题。

在行政主导的考试模式下，行政权力自身不能有效监督自身，因而每次出事之后反复出现惩处力度不足，处罚主体不明，违规违法成本过低，抓住小鬼放走妖精，投机随处可能发生的循环。比如说出现泄题，就应该是出现了高于专业权力的行政权力发生了作用。

实行专业主导的考试才能实现监督者与被监督者的主体分离和分明，只有考试的主导人员已经丧失了在行政主导时所掌握的绝对权力时，政府管理机关和社会公众才有可能依据专业的规范对考试过程进行有效的监督和问责——若不遵守这些规则，就要被踢出局。也只有赋予专业人员在其职责范围内不受任何行政权力干预的权力，才有可能抵制行政权力指使下的违规行为。在这种情况下，有关人员就必须严格遵守规则。只有在过程透明且能实施有效监督的情况下，才可能有效遏制泄题、卖答案、改分数等投机行为的出现。

考试原本就是一项专业工作，而不是一项隶属于行政部门之下的"任务"。对学业和能力的专业测试是世界的通例，专业的含义是，包括考务在内的每一个岗位上的人员都是专业的，未能获得相应岗位专业资质的人不得参与相应的考务工作；每一道程序都是全程专业的，逐一消除考试各个环节的随意或仅仅依据某个领导旨意的行为；每一个细节以专业的标准和行为规范为依据，在遇到争议或不同意见时，用专业的标准判定是非，而不是依据行政指令行动。这才是减少出现差错，提高各类考试质量的工作大方向。

专业主导并非不要行政参与，但必须划清专业与行政的权力边界，行政人员在考务工作中也必须遵循专业的规范，尊重专业人员的意见。行政人员还必须做好自己行政职责范围内要做的事，不能推卸责任。

陶行知建设好政府的一次努力

　　2011 年 10 月 18 日是教育家陶行知诞辰 120 周年，90 年前他就和一些人一起致力于建设好政府。陶行知主张社会即学校，他所办的教育就不是关在校园里的教育，而是关注社会的政治、经济各方面生活的教育。陶行知曾批评："我们办教育，竟无补于国家之大局，岂不是最令人反省的一件事？"基于这一认识，他认为教育即养成人为国家主人翁之资格与能力，自觉地把争取教育民主与争取政治民主结合在一起，一方面要提高民众素质，另一方面要建立好政府。他认为："教育良，则伪领袖不期消而消，真领袖不期出而出。而多数之横暴，亦消于无形。"

　　1921 年 6 月 2 日，安徽学生因教育经费未解决前往省议会请愿，遭到安徽督军马联甲残暴镇压，伤 50 余人，第一师范学生姜高琦、一中学生周肇基伤重死亡，造成"六·二惨案"。6 月 3 日，陶行知与皖籍旅外知名人士通电声援安徽学生反对军阀镇压民主运动，支持学生正当要求。当年暑假，陶行知应邀赴安庆暑期讲习会讲学，针对"六·二惨案"，又针对当时正在进行的安徽第三届省议会选举中当局的把持贿选，以《民权行使法》为题，对听众进行法治教育，宣传民主，鼓舞斗志，进行合法斗争，并鼓励芜湖籍南高师学生暑假返乡投入此项斗争，推动成立芜湖旅外同学会，分头到各地调查选举的舞弊。恽代英曾率宣城师范 4 名学生前往安庆听陶行知的这次讲座。后来，有 40 余县起诉作弊，但各县法院均以案件太大为由相互观望，直至无为县首先有为，判决该县选举无效，各县才纷纷援例判决，从而迫使当局把持的第三届省议会宣告无效。

　　1922 年 5 月 14 日，《努力周报》第 2 期及各大媒体发表胡适起草，陶行知与李大钊、蔡元培、王宠惠、梁漱溟、丁文江、汤尔和、罗文干、胡适等16人联名的《我们的政治主张》，要求有一个"好政府"充分运用政治机关为社会全体谋充分的福利，充分容纳个人的自由，爱护个性的发展。好政府的三个基本原则是：宪政的政府，公开的政府，有计划的政府。主张：裁兵、裁官；采用直接选举制；根据国家收入统筹支出，实行彻底的会计公开。

四个月后的1922年9月，北洋政府直系吴佩孚支持王宠惠署理国务总理组阁，16人中罗文干任财政总长、汤尔和任教育总长，加上哥伦比亚大学毕业的顾维钧博士出任外长，一届内阁中就有4位洋博士，其中三位参与发表《我们的政治主张》。人们期望中的好政府出现的时机已到，可以实行好政府的主张了，便组织了每星期五举行一次的政治讨论会。开了好几回会，王总理的大政方针老是不宣布，大家不耐烦了。在陶行知参加的一次会议上，蔡元培主持，胡适提议："根据《我们的政治主张》，我们请王总理宣布他的大政方针和计划。"王登台乱七八糟说了一个多钟头的牢骚话，最后特别响亮地说："胡适，你要我宣布计划，我没有计划！没有计划就是我的计划。"好政府这曲戏在蔡元培的建议下从此闭幕。

1922年11月，陶行知为东南大学经费之事分别找上他们。王宠惠"近来牢骚满肚"，王、罗二人"均不甚满意于汤"，罗文干官气十足。"这几分钟的谈话，令我气极了。我曾见过他三次，一次比一次坏，好好一个罗钧任，于今竟成这样。可惜，可惜。中国如同急水滩头的一个船，这般把舵的人和水手，都只晓得手忙脚乱的瞎急瞎叫，怎样得了啊！"这个深刻教训也使陶行知反思如何在保持独立思想和人格的前提下去建立理想的社会和政府。

全纳教育理念的适用与运作

兴起于 20 世纪 90 年代的全纳教育逐渐在理论与实践方面受到越来越多的人的关注。然而，由于对这一理念的诠释各异，对这一理念的适用未能明晰边界，对这一理念的运作缺乏全方位、深层次的探讨，以致在实施中遇到各种问题。为解决这些问题，这里以中国教育的实际情况为背景加以讨论。

一、全纳教育理念辨析

要准确理解全纳教育理念，首先要弄清这一理念的源头。一般论者将 1990 年的"世界全民教育大会"作为全纳教育理念产生的预备，将 1994 年于西班牙萨拉曼卡市举行的联合国世界特殊教育会议所公布的《萨拉曼卡宣言》作为明确提出"全纳教育"的思想开端。该宣言的要点如下：

（1）每个儿童都有接受教育的基本权利，我们必须为他们提供学习机会，让他们达到一个可以接受的知识水平，并维持学习素质。

（2）每个儿童都有自己的特质、兴趣、能力及学习需要。

（3）设计和实施教育制度的同时，必须考虑这些儿童的多元化特质及需要。

（4）设立具有同合取向的常规学校，是消除歧视、创造和谐社区、建立包容的社会及达至全民教育的最有效途径。这些学校能为大多数儿童提供有效的教育，最终能改善整个教育制度的成本效益。

准确地说这一理念在中国有着久远的根基，孔子所说的"有教无类"，陶行知所倡导的"爱满天下""全民教育""来者不拒，不来者送上门去"，以及他看到有特殊才能的穷孩子"因没有得到培养的机会而枯萎了","阔人们"挑选难童作干儿子时"麻子不要，癫痫不要，缺嘴不要"，并当着孩子的面羞辱他们，而产生创办育才学校的动机[①]，这些都是当时没有用"全纳"一词表述的"全纳教育"理念。并且从中可以看出，不能"全纳"自古即主要由经济、社会地位、智能三大差异造成。

所以对全纳教育理念的理解不应只是对文字概念的解析，而应结合现实教育实践中亟待解决的实际问题加以理解。依据本人在 20 余省进行的教育田野调查，自 20 世纪 80 年代实行开放政策后，学生的家庭背景（贫富、社会地位）差距拉大，教师因学生的性别、成绩、智力、性格、体形、家庭背景等而对学生区别对待的情形越来越严重；另一方面计划经济体制所遗留下的教育资源分配严重失衡，重点学校与非重点学校之间的差距有增无减。在这样的实践背景下，所谓全纳教育，就不应只是针对特殊儿童的，不应仅仅理解为将残疾或有特殊教育需要的儿童安排到主流学校中，实施"一体化"教育，也不应简单、机械地认为全纳教育就是要所有儿童都应在相同的学校中学习，而应是指教育应当满足所有儿童的需求，每一所普通学校必须有责任和条件接收服务区内的所有儿童入学，并无条件地为这些儿童都能受到自身发展所需的教育提供保障。

这样的理解也与世界其他国家对全纳教育的理解相一致，如英国的托尼·布思认为："对于全纳教育，我认为它是一个过程，是促进学生参与就近学校的文化、课程、社区活动和减少学生被排斥的过程。""全纳教育的研究不仅仅是特殊教育，它远远超出了特殊教育的范畴。全纳教育的思想是要进行普通教育的全面改革。"[②]

由此看来，全纳教育的核心理念应是：教育权利平等、教育场景共同和个体发展多样化。平等即要求取消公立基础学校的等级，消除教育当中的城乡、地区、阶层、民族、性别差距，实现教育机会均等；教育场景共同即要

---

① 陶行知·育才学校创办旨趣 [M]// 陶行知全集：第 4 卷 . 成都：四川教育出版社，1991：453-454.

② 黄志成·全纳教育之研究——访英国全纳教育专家托尼·布思 [J]. 全球教育展望，2001（2）.

求不分特殊学校与普通学校；个体发展多样化即要求学校要根据学生不同的需求进行教学，实现教育过程均等。

二、全纳教育理念的适用

依据前文的理解方式，全纳教育理念适用于所有学校，所有儿童。这是一条基本的底线，是没有什么问题的。然而仅仅理解到这一层面又是较为肤浅的。因为现实社会中，不同学校、不同学生，对全纳教育理念需求的程度不同，一个没有明确针对性的理念的提出是没有多大的意义的。全纳教育理念的提出必须有明确的针对性，针对那些还未能做到全纳的实际人群。在这样的基础上，有必要讨论全纳教育理念的适用问题。

在实践上，中国全纳教育较早的直接适用范围是特殊教育，特殊教育也是世界其他国家实施全纳教育的重要范围。2000 年 7 月 24—28 日在英国曼彻斯特大学召开的第五届国际特殊教育大会明确将"容纳被排斥者"作为主题，其主要关注对象仍然是残疾人以及在目前由于各种原因具有学习障碍的人。无疑，在相当长的时期里，特殊教育仍然是全纳教育适用并需特别关注的范围。

而在中国教育实践当中，与全纳教育理念直接相冲突的至少还应包括两个数目极为庞大的群体：一个是因贫困不能入学的群体，这种群体在本人曾调查过的一些地区竟高达 70%。因贫困不能入学当中的"贫困"应是一个相对贫困的概念，比如：进城打工者的子弟交不起城市学校的学费，也属于因贫困不能入学的群体。另一个是虽已入学但由于各种原因没有得到适当发展的群体。这一群体包括两个类型：一种是传统意义上的"差生""后进生""学困生""厌学生"，他们在名义上是这个学校的一员，但实际上他们被排斥在学校的课程、氛围和教学目标、教学过程之外，很难对学校产生归属感；另一种是被不恰当的教育教学理念、方式方法、程序摧毁了的天才儿童，这种教育使天才儿童归于平庸。这两种情况都是教育没有较好地满足学生个体发展的需要，都应列为全纳教育所应关注和解决的问题范围。

造成第一个群体产生的主要原因是学校外部的社会因素，主要通过强调所有儿童和青少年都享有均等的受教育的权利，采用政府资助以及社会救助的方式来解决。

造成第二个群体产生的主要原因是学校内部的教育教学观念、教育教学目标、课程设置、教育教学方式方法与教育教学过程。具体到中国来讲主要是单一追求应试的教育所造成。由于这是一个复杂的教育理论与社会实践相交织的问题，不可能依赖全纳教育来解决这一问题，从而导致全纳教育理念的主题泛化；只能从社会各方面去解决问题，从而为全纳教育的实施提供更为合适的条件。

上述分析显示，在中国开展全纳教育必须明确主要适用对象才会产生良好的效果，目前中国急需全纳教育理念予以关照的主要的适用对象是特殊教育接收者、因贫困失学者、未得到适当发展的学生群体。

三、全纳教育的运作

全纳教育具体实施中的最大难点在于如何在"全纳"的前提下进行多样化的教育，如何促进有着较大差异的不同学生都能积极有效参与。国外的实验研究也凸显出以社会正义、平等、全纳为教育政策和实践中心与改善教育教学质量之间的矛盾。有人将这一难点归结为三大挑战：（1）对教育体制的挑战。主张普通学校转变其职能，要接纳所有的学生，特别是有特殊教育需求的学生。重构后的普通教育体制，把每一个人都看成是独特的，因而每一个人也就不特殊了，所有的人都能在就近的学校里接受他们所需要的教育。（2）对教育实践的挑战。用教育实践的平等与多样化来取代同一性和统一性。教育就是要以平等的方式满足人们的不同需求，必须有多样化的课程、教学和评价来加以落实，以满足学生的各种不同的需求。（3）对教育观念的挑战，反对排斥和歧视。满足所有儿童的不同需求，教育不是要筛选人，而是要培养人，尽一切可能满足学生的不同的教育需求。[①]以上三个方面都涉及全纳教育的运作，全纳教育在运作层面的核心理念可用陶行知曾强调的

---

① 黄志成. 全纳教育带来三大挑战 [J]. 上海教育，2003（2）.

"在立足点求平等，于出头处争自由"来归纳。在中国，全纳教育的运作存在以下实际问题：

首先，全纳教育与普及教育的衔接问题。普及不等于全纳，全纳教育在运作中不能完全脱离普及教育，而应将普及当作其必要且现实的基础。没有普及的全纳是空洞的，只能将全纳教育当作普及教育在更高水平、更深层次上的质量提升。

其次，在实施中是尊重教育当事人的自主性，还是选择强制推行。无疑，选择强制推行是一种更"高效"的方式，也是普及教育所采取的方式，然而这种方式可否搬用于全纳教育，是值得商讨的。深圳等地一些以全纳冠名的学校出现的儿童入学难、教育难便是"强制"推行的后果。全纳教育是一种较普及教育需要更完备的条件、更多的心理自主空间、更亲密的师生交往等更高质量的教育，因此它本身应是在相关条件成熟基础上，受教育者、学校等各方自主选择相互接纳的结果。教育研究与行政部门所可能做的是理念的引导与必备条件的提供，不宜强制推行，不宜以全纳教育的某种方式是否推行作为衡量某一地区教育先进或落后的依据。在全纳教育学校尚不能妥善安排与教育好特殊教育对象时，不宜盲目撤并原有的特殊教育学校，更不宜将不具备全纳教育能力与功能的学校或班级随意挂上全纳学校或班级的牌子，也不宜强行要求他们接受需要目前的特殊教育的学生，或强行要求家长送孩子到这种学校。

其三，全纳教育的实施所要变革的是普通教育，还是特殊教育，或是两者同时变革。其中关键在于如何通过可操作的方式保证有效地满足学生的不同需求。在中国，全纳教育的思想已逐渐被接受并正在实施，但如何实施，现今在教育理念层面并没有很好地解决这一问题。站到一个相对较高的层面来看全纳教育的实践，简而言之，就是要建立一种对各种各类学生都能加以识别与判断，并依据其特定时期的具体情况来发现和解决其问题，促进其发展的具有对个性多样化高度容纳性的教育实体。它实际上是通过提高整个教育的可包容性来包容从前从普通教育中分化出来的特殊教育功能，用个体自主的评价标准替代全体一致的评价标准来评定个体的发展，促进个体的发展。这种提高应是对整个教育的一次根本性改造，而不只是改造特殊学校，也不只是改造几所将合并特殊学校的普通学校，更是要改造整个的教育观念与系统。对这样的改造不能过于急躁，要有长远规划，循序渐进。

其四，全纳教育的实施模式是寻求一致还是多样化。从理论上讲，全纳就不应是单一的，而应包括非正规和非正式的方式：可以是"随班就读"，可以在普通学校中建立"unit"，可以在同一个校园里依据学生的能力水平、需要层次与类型、兴趣类别建立多样化的班级，可以专门为有特殊需要的学生提供服务和帮助，可以依据当时当地的人文与地理环境创新出独特的模式，哪种方式能最佳、最大限度地满足个体的发展需要就采取哪种方式，或多种方式相结合。由于个体特征的多样性，全纳教育必然要求开展多样化的教学。

其五，全纳教育实施中质量与效益的关系。全纳教育若只考虑到对所有学生的关注的目标，在实施中就缺乏久远的动力，还应实现对所有学生的发展及时有效的目标，达到促成更多的学生成功与自我实现的目标。所有的儿童进入相同的学校是否可能或值得？怎样评价全纳教育的效益？以个体为分母还是以全体为分母或是兼而为分母？全纳教育是否有益于学校中的每一个儿童？为了确定优先发展的方面，教育制度怎样来评价其工作？全纳教育是否有助于提高生活质量？对于这一系列的问题都应有一个恰当的处置，才能使全纳教育从理论上的可能变为现实中的可能，才不会使"跟班就读"变成"跟班就座""跟班混读"。

综上所述，全纳教育的运作必须依据可行、有效、渐进、多样化、当事人自主选择、效益与质量并重、过程及各个方面衔接顺妥的原则。在整个运作过程中，应当始终将能否有效地满足学生自主产生的不同需求作为处理各种矛盾与问题的最高准则。

追问灾区重建学校质量

2011年有香港媒体报道称，香港援建四川灾区项目"六成不达标"，引发《人民日报》为免误导公众而专门发文说明。

从说明中看出，港报将"复检跟进"的项目算作不合格，例如教学楼指示牌太少或方向标错即被认定不合格。其中提到"香港特别行政区支援四川地震灾后重建工作进展报告"，对任何一个施工要素不达标绝不通融，而是通过严格的"复检跟进"流程，把好最后关口，真正做到"确保每个项目在交付使用前，所有涉及设施安全和正常运作的问题已合理解决"。这一说明，引发人们对香港政府的负责态度肃然起敬，也引发人们对内地援建项目质量的追问。

人们不能不思考一些灾后重建的真问题。仅以灾区学校重建来说，硬件上虽然是"重建两三年，跨越二十年"，却遇到运行成本极高、当地财政无力承担运行经费的实际问题。一批投资数亿元的豪华学校，也加剧了不同学校间的不均衡。还出现了豪华学校与清贫的教师工资反差极大的问题，对于教师的待遇和生活困难没有给予足够重视，以致在一些乡村重建起来的，依然是漂亮的薄弱学校。

以学校的建筑质量来说，早在重建前，温家宝就要求"要让学校成为家长最放心、老师最放心、社会最放心的地方"。而本人曾经到过多所重建后的学校，在看到重建取得巨大成就的同时，工程质量问题依然一眼就能看得出来。比如：有的学校水泥地坪竟然高低起伏，下雨时就变为一个个水潭；有的学校一些本该南北向的教学楼，却建成东西向，以致教室里光线不好，白天也得开电灯，还影响学生的视力；还有一所建在河边的学校，大门高出校园十来米，洪水季节就可能引发积水倒灌校园；有一所学校一栋教学楼的设计者想到走廊太窄，下课时学生活动空间太小，于是在走廊上设计了一个个伸出的方形露台，却未想到南方多雨，这些露台下雨时就变为接水台，走廊里将水流成河，难以下脚，楼梯变成了梯级瀑布；有一所学校的教室与办公室的光线，被巨大的没有使用价值的造型遮蔽了；一些学校的场地被水泥硬化的面积过大，缺少树荫绿化，阳光过强的季节便热得无处藏身；还有一些学校，楼梯台阶高低不一，不仅走起来不顺畅，不小心就会跌跤，在人多时则是引发校园踩踏事故的直接诱因；有的学校电梯与步行梯相隔很远，用起来不方便；有的学校刚建起来的卫生间，水管就有损坏，水龙头关不住。诸如此类的问题还有不少。

问题的存在并不可怕，可怕的是没有类似香港特区政府那样严格的质量检测和报告制度。2011年5月10日，四川省某领导说："现在灾区老百姓中流传着这样一句话，那就是'灾区最漂亮的是民居，最安全的是学校，最现代的是医院，最满意的是老百姓'。"甘肃省某领导说："建成的学校、医院成为灾区最漂亮、最安全、老百姓最放心的建筑。"陕西省某领导称陕西省的学校、医院、敬老院等公共服务项目基本完成，灾区公共服务设施水平达到全省领先水平。

国家审计署前后对三省灾后重建进行过四次审计，也审计出一些问题提交整改，最后的结论几乎都是笼统地说："资金使用和建设管理情况总体是好的，没有发现重大违法违规问题，基本按规定实行了项目法人制、合同管理制、招投标制和监理制，工程建设质量总体较好。"

如果真如上述各位领导和审计所说，那当然很好。但这次重建，仅国定重灾县就建成学校3839所，一般受灾县重建学校6400余所，如此多的工程，没有健全的质量检测和报告制度，得出的任何结论都难以令人放心。

既然这次香港已经把对重建项目质量的严格态度和比较成熟的检测流程带进灾区重建，内地最值得去做的工作，就不是为免误导公众而专门发文说明，而是应该学习这种对质量严格要求的态度以及严格检查、复检跟进的制度，以切实保障所有重建项目是可以经得起历史和实践检验的安全工程、放心工程。

对于重建学校来说，实行严格的检测制度意义更为重大，这不仅因为学校作为基本民生设施的重要性，更重要的原因是，一所质量不合格的学校，就是在对学生不断进行的负面教育。学生所看到和感受到的不只是学校建筑质量的不合格，还有人与人之间关系与信誉的斑点。在一段台阶高低不一的楼梯上跌过跤的学生或许终生难忘，并在适当的时候反复琢磨自己跌跤的原因，教育的效果就会这样延时发生，这一效果究竟怎样，决定的因素在于当初的感触。任何一个负责任的单位和个人，都不会将自己未尽到责任的例证，作为学生们日后发酵遗憾的原型。

在时间紧、任务重、对当地人文地理不够熟悉的情况下，谁也不能保证自己对口援建的项目不出一点质量问题，这种苛求是不近情理的。同样，在工程质量管理的意识与实践方面，内地与香港明显存在着差距，这也是不争的事实。更何况近些年各地时常发生诸如"房歪歪""楼脆脆"之类的恶性事件。

正因如此，香港在援川工程中的"苛责精神"无疑给内地上了新的一课，值得相关机构和从业者不断学习与借鉴。本人郑重建议，对灾区重建学校实行连续跟进的第三方质量检测制度，发现问题及时报告、及时解决。这不只是对工程质量的负责，而且是对下一代的负责，是对教育和未来的负责。这样的检测制度，本身就是教育不可或缺的组成部分，它能使教育建筑在更加牢固的基础之上。

PART 5

第五辑

怎样破解乡村教育难题

乡村留守儿童的问题就是整个社会的问题

几乎再没有什么比"留守儿童"更能一次次触动整个社会的泪点，这是一个时代的伤痕。

实际上，多年来，社会各界对于留守儿童的关注不可谓不多，但是，他们的悲切境遇却接二连三地涌入公众的视线。现实究竟该如何改变？生命的尊严、成长的温暖又该如何保障？

一、留守问题的难点在于那些父母双双外出或失联的儿童

2015 年 7 月下旬，我随中国光彩事业基金会人员一行先后到重庆市巫溪县上磺镇羊桥村、文峰镇思源村、酉阳县楠木桩村、黔江区后坝村进行实地调查，走访父母失联留守儿童、爱心妈妈、住村社工、乡村学校，并与当地村、乡、县相关部门人员进行了交流，切身感受到留守儿童问题解决之难，也意识到解决这一问题的紧迫与必要。

在思源村参加完为三名留守儿童举行的生日礼后，坐了一段回镇里的车，再下车走十多分钟的山路，看到新建的水泥楼房夹杂着不少无人居住的土砖房散布山间。翻过一个山冈，来到义工结队帮助的 H 家。他的父亲已去世，母亲改嫁后仍在外地务工，这里其实是他的外公外婆家。外公有心脏病，常年吃药，家中欠债，却不忍心丢下这孩子。所住房子则是连在当地也很少见的干土块垒的墙，据我各地调查的经验推算，这房子至少是 50 年前盖的。令我欣喜的是，当我们走到离他家门口 20 多米处，H 就迎上前来大大方方地喊"叔叔好"，并把我们引到家中搬凳子请坐。这是义工们工作的

效果，据说此前他是一个孤僻不与人交往的孩子。我问他最要好的小伙伴是谁，他一口就说出了名字；我问他最要好的老师是谁，他指着一起来的一位义工。当我们起身离开时，他送出家门很远，挥着小手说"再见！"我感到他虽然还会面临各种困难，却已经开始融入这个社会了。

留守儿童是中西部农村当下的一个突出问题，全国估算有近6000万人。依据过去多次调查，各地在解决留守儿童问题上确实做了不少工作，但是总体上依然不够精细，与这一问题相关的多个政府部门的责任与权力边界不明晰，在全国范围内未能确认各级政府中哪个部门负主要责任，其他部门如何协调。

具体到地方，每一位留守儿童都是一道难题。以巫溪县为例，该县54万人口中，就有13万人外出务工；14万未成年人中，依据2015年6月的统计就有22367名留守儿童，义务教育阶段留守儿童占在读学生的38.8%，其中1623名有母亲在身边，286名完全没有亲人在身边。

调查表明，留守儿童只要有母亲在身边，虽然也会有监护人溺爱、父爱缺失、约束失控等缺憾，但不会存在太大的问题。问题最为严重的是父母双双外出，以及那些完全没有亲人在身边的孩子。这些孩子缺少日常生活的照料，起床、洗澡、洗衣、理发、吃饭、室内卫生等都成为问题；其次是遇到困难时无人相助，黔江区后坝村的十几位留守儿童放学后必经的一处公路交叉的涵洞，常因下雨被水淹而无法通过，这些孩子就只能一直长时间滞留在半途回不了家；再就是缺少有效监护，难以在关键期形成明晰的是非观念，巫溪县近4年就有84人120多起未成年人犯罪，其中七成是留守儿童；另外，他们在小小年纪就遭遇严重的亲情缺失，交往圈极为有限，表现为少语，有自闭倾向，不愿与他人交往。

二、留守儿童成难题的症结是乡村社会不健全

深入考察留守儿童存在的原因，第一层当然是宏观社会经济发展的不均衡：其一是乡村社会保障未能有效建立，使得村民的经济收入难以支付生活基本支出，不得不依靠外出务工弥补生活支出的缺口；其二是宏观经济政

策、产业布局和资源配置不尽合理，导致一些即便资源富有的乡村也没有留住当地劳动力的产业，当地村民不得不抛下孩子外出务工；其三是不少务工人员收入较低，难以支付把孩子带在身边的经济成本，或流入地的门槛过高，不能接纳孩子就学或进入幼儿园。

第二层的原因则是乡村社会本身不健全。乡村能力较强的青壮年人大都外出了，一定程度上造成乡村社会的能力弱化和组织松散化，乡村社会留下的多是儿童、妇女、老人。实际上，大多数外出务工的人还是能给孩子提供更好的经济支出条件的，但他们却无法解决孩子迅速成长中出现的各种问题，也就是说留守儿童问题不是简单靠给钱就能解决的。

考察问题最为严重的父母双双外出的家庭不难发现，他们大多把多挣钱看得比养护孩子更重要。如果他们一年能挣到 10 万元以上，他们就有能力把孩子带在身边，这些人属于能带却不愿带孩子的父母。如果他们一年只能挣到 5 万元以下，常常是没有经济能力把孩子带在身边的，在这种情况下夫妻当中的一方留在乡村带孩子并不会损失多少钱。但由于夫妻双方信任不够、协调不好，哪一方都不愿在乡村受累又担当责任等多重原因，他们依然会不顾养育孩子的大事儿而一起外出，甚至外出的双方各奔东西，相互也照应不上，最终导致家庭破裂。也就是说这些家庭组建的时候就存在缺陷，组建后责任意识不强才是问题的症结所在。

造成儿童身边无亲人的直接原因是父母的婚姻质量不高，而其重要的背景是乡村光棍问题严重，女方一逃离，男方为了养家又不得不外出务工，孩子就只能留在家里。如果男方是有责任心的，则会与孩子保持联系，按时给家中汇款，这样的例子不少；但是也有例外，不少人多年不回家，也不联络，甚至在外地犯罪，于是才产生那些无亲人的孩子，但在现行法律框架内孩子的监护人不能变更，无形中又为其他人接管监护设置了障碍。

对于无亲人的孩子，如果当地乡村有亲戚投靠当然是一种解决办法，事实上也有人就是如此解决问题的；如果当地无亲友投靠，就需要乡村社会组建相应的保障机制担负起孩子的养护责任。但现实的情况是，大多数村子未能建立有效的保障机制对这些未成年的留守儿童的养护负责。

简而言之，留守儿童问题是乡村社会自身功能不健全，缺少活力和组织动员能力，原来浓厚的亲情淡化所暴露出的问题。

三、解决留守儿童问题的宏观政策建议

由中国光彩基金会支持的"光彩爱心家园——乐和之家"项目的实施为解决留守儿童问题提供了有益的启示。该项目在重庆的 10 个乡村开展了两年多的活动，协助乡村建立互助会，激活乡村社会的情感和责任意识，为父母双双外出的留守儿童结对寻找爱心妈妈。

乐和之家的义工大多为近年来毕业的大学生，每月只能拿到 2000 元的津贴。这种长线化的支持为"沙漠化"的乡村注入了新的活力。一开始乡村领导和村民并不看好他们。经过一段时间的工作，他们和每个村民都成为熟人，为村民建立起议事、学习、互助的平台。

在信息化、城市化的整体社会中，乡村不是孤立的，乡村留守儿童问题就是整个社会的问题。除了微观上要解决好乡村社会的组织和功能不健全问题，还需要宏观政策的支持，其中就包括在社会发展政策上尽可能落实以人为本的城市化；在经济政策上尽可能确保均衡的产业布局和资源的合理配置；在社会保障和公共服务上尽可能保障村民与市民的权利平等。尽可能从总量上减少留守儿童，重点解决双亲外出和父母失联、身边无亲人的留守儿童问题。

综合而又有针对性地解决农村留守儿童问题，可以采取的措施还有：

选定切实有效足以担负起责任的化解留守儿童问题的政府主责部门，明确需要哪些部门参与或协调解决什么问题，明确解决问题的目标、路径和工作规范与标准，明确考核要求和程序。目前仅有国务院农民工工作领导小组办公室下设一个留守儿童工作组，指定民政部作为留守儿童的牵头部门，相对于广袤乡村显得有效覆盖面不够，难以扎根乡村解决源头问题。

开放乡村互助组织发展的空间，让有一定专业基础的社会组织能够有序参与到留守儿童的关爱和救助中来，政府可以购买服务的方式，充分发挥他们从事社会工作的专长，为留守儿童提供切合其实际需要的服务。

政府招聘义工帮助留守儿童，或将现在的选聘"村干部"改为选聘义

工，将解决乡村留守儿童问题作为义工职责。

政府扶贫部门或社会保障部门尽快设立农村贫困儿童保教专项经费，按时定额给经过认定的贫困儿童发放保教津贴。或通过支付一定的专项经费，支持父母中的一方回乡与14岁以下子女共同生活以履行保教监护责任，尽可能减少父母双方外出的留守儿童数量。

流入地政府尽可能放宽对务工人员随迁子女就学和进入幼儿园的限制，降低门槛，让有经济能力的父母能够将14岁以下的孩子带在身边就学和生活，以此作为当地城市扩大开放和提升竞争力的措施，在不同区域间形成吸引劳动力的适度竞争。

立法部门尽快解决无亲人留守儿童监护人变更的法律问题，让那些愿意为这些儿童提供保教监护的家庭履行保教监护责任获得法律认可。同时对那些有监护能力而不履行监护责任的人启动遗弃儿童的法律责任追究。

希望工程不断成长才有希望

2014 年 11 月 23 日，湖南省涟源市一所希望小学被指为庆祝竣工大摆筵席铺张浪费，后又陷入"冒牌"旋涡。湖南省青少年发展基金会发微博称："该校未经我会及相关希望工程实施机构授权许可建设及命名，属非法希望小学。"还有媒体以《25 岁，希望工程老了吗？》为题报道说，希望工程一出现就得到各方鼎力支持，是由于它能够实现贫困地区孩子急切的就学期望。在募款过百亿，建成希望小学 18300 多所后，改变了很多人命运的希望工程应该再出发。

经历 1/4 个世纪，社会已经发生了巨大变化，以希望工程为代表的民间助学确实需要转型。以希望工程为例，当初社会、家庭、政府都"囊中羞涩"，又面临失学和扫盲难题，很多人还不知道如何做公益，于是都把关注的目光集中投向希望工程，铸就了希望工程的辉煌。

近年来，农村学生数量大幅度减少，农村学校大量撤并，政府大力推进农村义务教育"两免一补"政策，基本解决了失学儿童的问题，因此大量的希望小学被闲置，农村教育发展的主要需求事实上由是否有学校可上转向是否均衡优质。遗憾的是，对这一转变，希望工程本身没有跟着转，依然停留在维持已经办起来的学校上，这就显得被动了。

当然，在社会发展使中国公益慈善不再独此一家的时候，希望工程对新的公益慈善生态环境需要有个适应过程。但造成这种状况的原因，最主要的还是管理机构的行政化基因。就连中国青少年发展基金会秘书长涂猛也认为，"这种行政化不全是体制约束，而是思维、方法、组织构架的问题"，强调青基会要去行政化、取市场化。

我认为，去行政化后的青基会应以平等的姿态与社会各方相处，与其他公益主体平等相处，与受益人和捐赠人平等，不应把"希望小学"当作自己才能使用的专有名词。合法还是非法，也应由执法部门来下结论。去行政化后还需要建立新的规范，以公开透明的公益面对社会各方面的质疑。对于民间捐资助学行为，由于总量还是不多，仍需要积极鼓励，同时引导公益行业内部制定自律规则，大家共同遵守，相互监督，以更好地为社会服务。

除此之外，希望工程的发展还需要依据社会需求的变化拓展、转换公益项目类型。如果想在教育上做公益，就必须看清教育均衡是当下最需要支持的方面；教育上通过公益方式进行校舍和硬件建设的时期已基本过去，急需在软件和教职人员上进行投入；由于国家已有比较完善的贷款和助学金制度，在这个领域做也就是添柴加火，有与没有无足轻重。

当下，一定时期内最为紧要而又难以有其他方面替代的公益投入方向，是农村偏远地区的师资，解决偏远农村学校请不来专业教师的问题。我长期调查得出的比较切实有效的方案是定岗招聘。在确定需要支持的农村偏远教学岗位后，公益组织可每年提供给这些岗位 3 万到 5 万元补助金，再在一个县或更大的范围内公开招聘愿意到这一岗位工作的教师，应聘者除拿到原有正常工资外，还能拿到每年 3 万到 5 万元的定岗补助，离开这个岗位就不再享受这一补助。这样能吸引一些比较好的教师到社会最底层的学校做好保底的工作。

简言之，希望工程需要不断成长才有新的希望。

改变乡村教育不能只打教师主意

　　《乡村教师支持计划》（2015—2020 年）公布后，乡村教育的热议焦点转向乡村教师。客观地说，影响城乡教育发展的最大因素是教师的差距。然而，一些人存在这样的认识误区，即：解决了乡村教师的问题，乡村教育便万事大吉；投入足够的资金，乡村教育问题就能迎刃而解。这种看法是倒果为因，有可能耽误了乡村教育问题的根本解决。

　　若进一步追问，同在一个教育行政管理体系下的教师，为何在城镇和乡村会出现那么大的差距？其实，导致城乡教育差距的根本原因，是没有把村民和市民享受义务教育公共服务摆放到平等的地位，这才导致了乡村学校师资、设备、投入等各方面的不足。而唯有在理念上确认村民和市民、乡村和城市义务教育的权利和地位是平等的，再去解决师资等问题，才能从整体上提升乡村教师水平。

　　应该看到，城乡教师的差距不是城乡教育差距的根本原因，而是长期以来没有把城乡教育放在同等重要的位置上，没有意识到城市教育和乡村教育是一个完整的社会良性生态。乡村教育投入不足、师资招聘和培训体系不健全等多种因素长年累积，从而造成乡村教师乃至乡村教育的严重落后。

　　在相当长的一段时期里，一些地方教育管理者想打造一所或几所当地的优质校，认为要先把城里的学校办好，进而把更多的教育经费投向城市学校，采取面向乡村招考优秀教师进城的措施。这客观上带动了具备一定经济条件和社会资源的农村家长把孩子送到城里上学的风潮，加剧了城乡教育差距的马太效应。

　　提高乡村教师整体水平不能完全依靠资金投入，首先应转变观念，意识到保障每一名乡村儿童上学具有重要的价值和意义，即便为此付出更多，也应该不折不扣地做好。然后，从推进教育均衡抓起，采取各种措施办出农村教育的特色，从政策性的倾斜到制度的完善，逐渐吸引优秀教师到乡村去，让乡村教师愿意留在乡村。在此基础上，还要有针对性地培训乡村教师，加大城乡教师交流力度，而不是简单照搬城市学校培训教师的策略，把乡村教师培训得越来越没有自信。

对《乡村教师支持计划》（2015—2020 年）亦不能采取孤军作战的方式实施。从必要条件看，如果没有结构合理、素质优良、受过专业培训、认真负责且得到充分支持的乡村教师团队，提升乡村教育质量、缩小城乡教育差距将无从谈起。从充分条件看，仅仅是教师好又未必能办好乡村教育。过去几十年，不少乡村就经历了优秀教师在乡村献身却无力改变乡村教育落后状况的窘境。乡村教师的老龄化、知识贫乏、结构比例失调等问题基本上都是在必要条件不必要、充分条件不充分的情况下逐渐恶化的。

所以，《乡村教师支持计划》（2015—2020 年）的实施必须放在改进整个乡村社会的大背景下，需要注重改善乡村教师"进不去""留不住""教不好"的环境，创造"进得去""留得住""教得好"的教育生态，而不能简单认为给乡村教师提高工资待遇，乡村教育就能彻底改善。因为资金在任何时候都不是万能的，也不能简单认为只要把资金拨付下去，就没有别的事情可做了。

资金只是一个媒介，关键还在于人。提升乡村教育整体水平在于尊重乡村教师的人格和情感，在于尊重乡村学生的教育基本权利，在于像尊重市民那样尊重村民，像保障市民子女享受义务教育权利那样保障村民子女受教育的权利。尤其对那些目前还留守在乡村学校的贫困家庭儿童，这些措施才是雪中送炭。在此基础上，改善乡村教师工资待遇低、工作条件较差的现实状况，将其工作量降到合理程度，增加他们成长发展和升迁的机会。若将所有这些当作一个整体去做，乡村教师、乡村教育和农村社会才能得到共同发展。

解贫困地区师资荒可"特事特办"

　　2013 年"两会"期间，全国人大代表、湖北省五峰土家族自治县副县长张琼对《中国教育报》记者说，国家实施特岗教师计划以来，全国已有 23 万人到贫困地区去工作，但像五峰这样的少数民族自治县一个特岗教师都没招到。2012 年，湖北省根据"国标、省考、县聘、校用"的原则招义务教育阶段教师，每人每年 35000 元，高于国家标准。省里跟五峰核定 76 人，最终报名的只有 34 个，面试后只录取了十几人。

　　"老少边穷"地区的教师问题是数十年来制约这些地方教育发展的关键性问题。尽管为了解决这一难题，国家和地方想了许多办法，并取得一定效果，但总体上说，这个问题并没有得到根本解决。一些地方还由于经济发展的差距拉大，教育均衡举步维艰，这个问题更加突出。

　　像湖北五峰县那样用优惠政策想方法设法招专业教师却招不到的情况绝非个例。为什么政策的阳光那么难普照到这些地区？

　　在我看来，从表面来看，落后地区招不到教师主要是经济原因导致。地区发展滞后，年轻人身在其中很难看到发展的希望，因而不愿意前往定居、任教，或者来了也留不住——这仿佛是个普遍问题。但往深层原因上看，在不打破现有的教师身份管理办法，"一教定终身""一岗定终身"，又不突破教师工资保障办法的前提下，想一招就招到优秀的青年教师，且让他们在那里一干就干一辈子，属于没有充分考虑到这些特殊地区的特殊条件、特殊需要以及遇到的特殊问题，也就无法真正解决这些特殊问题。

　　长期以来，人们总想找一个普适的解决办法，而现实中的问题总是有特殊性。另外，各个部门和各级财政的"一亩三分田"不能变动，难以形成解决特殊问题的合力。而要真正解决类似问题，需要打破常规思维，需要将笼统的"加大对贫困地区教师待遇倾斜力度，大幅提升教师待遇"，变为可操作、可检测的方案。

打破常规思维首先就是要将这些岗位变成可流动的岗位，并放开让各地结合实际情况有不同的探索。当前，有必要放开让各地探索适合当地的解决教师难题的办法，至少在有条件的地区可以试行乡村教师年薪制定岗招聘，依据农村学校教学的实际需要确定岗位数，薪酬高于当地城镇教师一倍甚至两倍以上，鼓励免费师范生以及持有教师资格证的优秀教师参加竞聘。

保障尊严是给乡村教师的最美礼物

2015 年，在第 31 个教师节到来之际，专门表彰县及县以下地区优秀教师的首届启功教师奖在北京师范大学颁发。来自老少边穷岛地区的 10 名从教 30 年以上的老教师获奖，每人获得 50 万元人民币奖金，精神和物质奖励并举。

启功奖此次除了对乡村教师予以精神上的鼓励，还拿出实实在在的物质支持，对获奖者而言不啻为"重奖"，是值得点赞之举。国务院总理李克强会见全国教书育人楷模及优秀乡村教师代表时，强调要切实落实好《乡村教师支持计划》（2015—2020 年），使广大执教农村的教师受尊重、有回报、得发展。而落实好该计划，要集中在他们的基本权利和尊严保障上。

就基本权利而言，乡村教师工资待遇偏低成为当前比较突出的问题。一些地方出现了乡村教师工资大幅低于当地城镇教师工资水平的现象。如果横向比较，一些地方在编的乡村教师工资收入低于当地村民外出务工人员的平均工资收入。再加上农村教师生活不便，农村留守儿童多，工作时间长，压力大，需要承担比城里教师更多的非教学职能和责任。因此，改善乡村教师的物质待遇成为迫切之举。

就尊严的保障而言，乡村学校的管理也存在一定问题：乡村教师意见表达的渠道不通畅，乡村学校管理者和乡村教师的关系冷淡现象较普遍。一些形式化却没有满足教师实际需求的培训，一定程度上也损伤了乡村教师的尊严。教育管理上对城乡教育的两种态度更造成乡村教师尊严的损失——在政策措施上，天平似乎总是倾向城市一方。

我在农村调查时，还发现一些有损乡村教师尊严的细节，比如：乡村一些年轻干部在教师面前趾高气扬；个别地方可以投巨资建设校舍、改造危房、更新桌椅，却对教师的福利设法拖延；不少部门未经周密考虑就任意给乡村学校和教师发指令。而往深处想，乡村教师的状况是由乡村学生的地位决定的。所以，要彻底改变乡村教师权利和尊严缺乏保障的状况，就必须从根子上确立村民子女与市民子女在接受义务教育乃至基础教育上的权利平等。这种平等在中国已经有了法律依据，但依然还缺少观念基础，也缺少相关政策的支撑。

有鉴于此，使广大执教农村的教师受尊重、有回报、得发展，就不能仅仅是口头上为乡村教师点赞，也不能仅仅停留于发奖金，而应以启功奖为改善乡村教师境况的起点，切实建立起乡村教师权利和尊严保障系统。《乡村教师支持计划》（2015—2020年）已要求各地要依法依规落实乡村教师工资待遇政策，依法为教师缴纳住房公积金和各项社会保险费，做好乡村教师重大疾病救助工作，加快实施边远艰苦地区乡村学校教师周转宿舍建设。

而对照各地实际情况，上述要求还应具体化，寻找机制性的支撑：一是建立正常的表达机制，使乡村教师有正常的沟通和表达渠道，使乡村教师对职称评定、绩效工资评定等过程都有知情权、参与权、监督权，与教师相关的各项工作因此变得更加公平、公正、公开、透明。二是建立乡村教师问题解决的考核机制，把是否有效解决乡村教师的问题列入对当地县乡领导考核的内容。对《乡村教师支持计划》（2015—2020年）实施情况进行专项督导检查，对实施不到位、成效不明显的，追究相关负责人的领导责任。三是建立专业的乡村教育和教师评估体系。在教育均衡和城乡教育协调发展方面，评估当地的教育政策是否有效推动城乡教育的发展，是否还存在对乡村教育及乡村教师歧视性的政策，是否能体现村民孩子与市民孩子同等享受义务教育的基本权利。若有造成不平等的政策和行为，则需督促迅速修改。这才是教师节里送给乡村教师的最美也是最重要的礼物。

重振农村小规模学校需走简政之道

2016 年"两会"期间，有代表委员在提案中呼吁改善农村小规模学校管理。朱永新委员认为，目前各地普遍实行的"县教育局—乡镇中心校—农村小规模学校"的垂直式分包分管教育模式，对小规模学校的发展造成诸多困扰和问题。

从教育生态角度看，农村小规模学校是整个教育体系的"源头活水"。因此，解决农村小规模学校的问题不仅仅是这些学校本身的发展问题，而且涉及一个地区乃至整个国家的教育良性生态能否维持。若想从整体上维护这一生态，又必须回到现有教育行政管理体系的结构上。目前形成的"县教育局—乡镇中心校—农村小规模学校"的垂直式分包分管模式，虽然方便了行政管理，但诚如朱永新委员所言，也给基层学校和教师带来了较多问题。这些问题包括：有些中心校截留农村小规模学校的生均公用经费，借调村小和教学点教师等。比如，为了保障小规模学校的正常运转，教育部明确规定对不足 100 人的学校按 100 人核定公用经费补助资金。然而，由于教育公用经费被下拨到中心校账户，中心校采取"集中记账、分校核算"的方式，有些中心校并不按规定标准足额拨付给农村小规模学校，截留村小、教学点的经费用于自我发展，导致一些农村小规模学校难以充分享受到全国性政策的全部。

此外，现在的中心校实际就是原来的乡镇教委（办）在撤销后留下的摊子，形式上撤了，约束力还在。由于县教育行政部门依托中心校对乡镇教育实施间接管理，造成中心校既是裁判员又是运动员的角色错位，难以做到管办评分离。

怎样才能解决这些问题呢？实际上政府工作报告中已经给出了大方向，就是要建立法治政府、服务型政府，切实做到简政放权。依据这一精神，改变的关键在于依据以人为本的逻辑设置县域内教育管理结构，这个结构的核心是学生，结构的形式从纵向的"树结构"转变为立体的"果结构"，教师、学校管理者和县级教育行政管理部门都要围绕学生学习的需要配备与设置，并把这一配备与设置放到政府工作报告中提出的标准化学校建设中去。把学校管理功能重心下放到学校内部，包括小规模学校内部，让他们自主办学，自主管理，自主评价，成为一个职能相对完善的教学、管理、评价组织。这样一来，县教育行政部门与学校之间的专业管理事务将大大减少，完全可以利用网络信息技术承载信息传播功能。

基于享受义务教育机会人人平等的原则，所有学校之间不论大小都是平等的，用一所学校管理另一所学校本身就很难做到机会和权利的平等，这种基于行政中心的逻辑建立起来的管理模式必须改变。

从整体分析，减少学校间的行政层级不只是降低了教育的行政成本，也是对师生的有效放权，让学校有更大的自主空间，让小规模学校建立自信。这在一定程度上有利于解决基层学校动力不足问题，从而激活中国教育整体生态的"源头活水"。

乡村学校建在村民心上才不会"空"

甘肃陇南武都区花钱建的 74 所乡村完小或教学点因无生源已成"空校",造成资源浪费。新华网记者在调研中发现乡村学校在软硬件建设方面出现"苦乐不均"的苗头:一边是偏远教学点条件简陋,勉强维持,另一边在农村修建的大量学校却成了"空校";一方面大量学生向城镇集中,另一方面村民要求恢复村级教学点。

据本人对乡村的调查,这种现象存在已经不是一两年了。2008 年,我到黑龙江北部一个乡作调查,当地撤掉各村的小学,全乡集中办一所小学。投巨资把校舍建起来后,按当地统计人口算,每个年级设置三个教学班。然而第一年一年级只招到 15 个学生,原因是:一部分村民认为集中后与其跑十几里乃至几十里到乡里的学校上学,还不如再跑十几里或几十里到城里、市里的学校上学划算;另一部分村民则认为学校那么远,不放心孩子去,干脆不让孩子上学了,导致该乡小学辍学率升高到 20%。

这个例证说明建好的学校成为空校的关键原因是没有建在村民心上,不符合村民心意。

那些离村民居所较近的偏远教学点多年来的苦撑维持,是因为满足了"就近"条件而符合村民心意,但当地政府不愿投资,条件越来越简陋。而一些地方政府在投资建学校的时候没有征求民意,没有考虑学生上学是否方便,没有为村民算一笔孩子上学的成本与收益账。在建校时也没有考虑孩子上学的交通、食宿、安全及其他生活方面的困难,缺乏征求当地村民意见的程序,仅仅是在办公室里作规划,以为只要将校舍建起来就万事大吉,于是出现了在资金本就不足的情况下还在农村修建大量浪费资源的"空校"的现象。简而言之，学校建设者仅把学校建设当成自己的政绩，与村民的内心想法和真实需求存在距离。

令人担忧的是，就在得到甘肃这一消息的同时，又得悉湖北某县要投入巨资建教育示范区，把全县的中小学幼儿园都集中到这个区里，争取容纳全县 70% 的学生。这进一步说明这种与百姓不能心往一处想的事还在继续发生，相关的利益和政绩驱动尚存。

一方面政府拿着财政投资当杠杆，想把大量学生向城镇集中，另一方面村民要求恢复村级教学点；一方面一些关起门来办教育的人以提高质量为由主张消除小规模学校，另一方面总有一些村民支付不起这样那样的费用，不让孩子去上那些集中的"质量好"的学校。

破解这道难题首先要破除集中才能办好和提高优质教学资源的错误观念。包括日本、美国在内的世界多个发达地区都依然有大量小规模的学校，只要投入、师资到位，小规模学校还是能办得好的。

解决这道难题还要切实依法治教。《义务教育法》要求政府为居民提供就近入学的条件，村民就有权利在自己居所附近享受到政府提供的义务教育，政府也应无条件地设法做到这一点。对那些村民因接送孩子不方便拒绝撤并的教学点，政府要做的就是设法保障它们从硬件到教学质量上都合格，而不是勉强维持。不这么做就是政府没有真正做到与村民一条心。

依据《义务教育法》的基本精神，无论城镇化的进程如何，无论人口如何流动，乡村学校布点的基本原则只能是哪里有村民就在哪里办学校，一刀切的"集中"和"保留"都不是上策。学校跟着孩子，而不是要孩子远途就学。如果无法让孩子就近入学，即便是那些 5 人以下的学校，也必须办下去，对住在山高路远村落的家长提出要恢复曾经被撤并的教学点的要求也应尽力满足，这是保障乡村教育公平的底线。

在守住这条底线的前提下，教育行政部门应深入了解村民的教育需求和就学意向，作好深入细致的调查，作好长期和短期规划，综合考虑居民、师资、当地文化、人口流动特征、学校管理等多方面因素，灵活、精准地确定学校布点，真正把乡村学校建在村民的心上。

农村小规模学校亟须改善和发展

　　农村小规模学校，是中国曾经的自然村办小学布局经历城市化进程和人口出生率下降后形成的学校形态。小规模学校的出现是自在而非人为的，因而普遍处于被动、弱势状态。

　　怎样对待小规模学校？首先必须明确其价值定位。办好农村小规模学校的最终目的是维护村民的孩子与市民的孩子平等的教育权利。小规模学校的存在，是维护平等教育权利的体现。然而，唯有在教育质量上得到保证，维护村民孩子平等权利的目标才能真正实现。政府管理者、教育主管部门、小规模学校的教师和村民都必须对此十分明晰，并且十分明确地表达出来。在当今义务教育成为必需品的时代，有人居住的乡村，那里就必须有学校，它的价值是不能由金钱或其他方式替代的。

　　从宏观政策层面，必须将办好适度规模的学校作为教育长远的规划基点，而不能急功近利地采取一些短期看来可以扬汤止沸的措施。一些人认为，对付择校热，把原来的较好学校冠以某某集团就行了，未考虑到集团本身超越了有效管理范围，增加了行政层级，依然存在并可能强化中心与边缘关系。世界各国的实践已经证明，这样的办学，责任链不明晰，管理成本增大，难以精细化，对学生的关注度降低，难以办出好的教育。况且，当地居民经过一段时间，还是分辨得出哪个校区是真的好，哪个校区较差，因此也就不能最终解决择校难题。办好农村小规模学校，是走向适度规模发展的一道台阶；欧美等国此前的实践都已证明，只是进行简单撤并和集团化是走冤枉路。

　　有人以为小规模学校成本高。若从政府财政开支计算，小规模学校的确需要较一般学校高的开支，但若从政府、居民、社会等其他各方综合计算，考虑到政府在义务教育阶段必须履行其职责、乡村文化和自然资源的有效利用等方面，村民孩子就近入学，比到城里就学的综合成本要小。实践中，它们的成本开支也远远低于城里被众多人追逐的所谓名校。在乡村，若有与城里那些名校等额的投入，同样能办出一所学生愿意上的学校。所以，这种说法最终还是归结到是否平等上。在学生、学校、资金这三者的配置关系上，如果重视的是学生，那么钱就跟着人走；而如果重视的仅仅是学校，那么钱就跟着学校走，相应地，学生也要反过来跟着钱走；正是这种不合理的资源配置，导致在教育上出现农村学生的"进城化"，学校的高度集中，让教育经费和资源配置出现严重失衡。

从教育生态角度看，农村小规模学校是整个社会学校体系的高山流水，一旦这里的水枯竭了，整个中国的教育生态就肯定出问题。当下，县城以上学校出现的大班额和巨型学校，其根源在于乡村的学校没有办好。乡村学校与城镇学校之间的差距在拉大，村民选择用脚投票，带着孩子进城上学。这种选择，在很大程度上是出于无奈。如果其所居住的村庄有与城里质量相当的学校，谁也不会舍近求远，甘当陪读。

要改善这种状况，还必须从源头上改善农村小规模学校——解决它们经费短缺、教学设施条件落后、教师待遇差和师资水平低等发展障碍，让更多的村民自愿把孩子放在离家较近的乡村学校就读。做到这一点，农村的部分小规模学校接受回流的本乡学生，可能成为适度规模学校，城里的大班额自然消解，中国教育均衡的目标才算真正实现。

从小规模学校自身看，一定要看到自身的优势，当然也要看到自身的劣势。主要的优势是教师对学生的关注度高，学校的行政层级少；主要的劣势是师资、课程内容和质量难以保障。为此，需要在教学形式上设法改进，内部可以通过小组学习、小先生制等方式提高教学有效性，外部可以与其他小规模学校联合，实现资源共享，并通过互联网共享更大范围的优质教育资源。一定区域内的小规模学校联合起来互补，是一种有效的改善形式。

更为重要的是，小规模学校的当事人要抛弃被动的心态，建立自信，积极主动地寻求与自身条件自洽的改善路径。

更好满足农村对教育的真实需求

在各地农村调研时，常常看到一些新建起来的校舍里，学生稀少。据知村里的孩子不少被父母送到镇里或城里更好的学校上学了，村里的学校虽经投资改建还是成了名副其实的新建薄弱学校。还看到一些政府投资建起来的寄宿制学校，学生生活单调、艰苦，表示想家，甚至一些孩子明显营养不良。由此想到，农村对教育的真实需求是什么？如何更好地满足这些需求？这是一些地方政府在解决了农村教育资金问题之后，没有及时予以重视，缺少实地调查，也没有切合实际的方案，从而遗留下来或者说新出现的问题。

在农村基本实现真正意义上的九年制免费义务教育后，在对寄宿的困难学生给予补助之后，农村教育中因贫困而不能上学的问题基本解决了。显然这只是保证了办好农村教育的一个必备条件，要真正满足农村对教育的真实需求，还有很长的路要走，还有很多问题有待解决。

整体上看，中国教育正在经历一个历史性的转变。经 20 多年国民经济和教育的高速发展，政府教育投入不断增加，全国基本普及九年义务教育，农村全部实施免费的义务教育，学龄儿童的出生率不断降低，教育在整体上已走出极度短缺、贫困的状态。长期为贫困所掩盖的中国教育自身的各种问题因贫困得以解决而开始显现。

当教育所必需的外部经济条件已基本具备，教育的主要问题便转向内部，从硬件转向软件，从校园转向教员，从关注入学率、巩固率、毕业率等外显指标转向学校教育是否满足以及在多大程度上满足了具体的学生个体成长发展的需求，现在比以往任何时候都更有可能、更有条件追求好的教育、理想的教育、人民满意的教育。因此，包括农村教育在内的中国教育正在从粗放的外延发展进入一个以质量提高、品质提升、内涵发展、理念完善和技术更新为主要特征的内涵发展阶段。新阶段的最终目标是如何满足教育主体的真实需求，办人民满意的教育。由于农村教育在整体上相对落后于城市教育，所以在进入新阶段的过程中，农村教育将会遇到更多的现实问题。让教育主体满意的教育远远超越了钱所能提供的限度，而是需要从根本上更新教育理念、哲学和思想，使教育哲学的基础从学科本位、知识本位向学生本位、生活本位的方向转变，将一切教育设计和措施对应于具体的教育主体成长和发展的实际需求，并在此基础上改革教育体制和学校管理机制，进行一场深入的、实质性的教育改革。这样的乡村教育改革迫切需要理论和管理机制创新，迫切需要抛弃因循守旧，勇敢面对并积极深入乡村生活。要改进现实生活，解决教育面临的各种实际问题和弊端，在教育的热点和难点中创造性地实践，走上大众化、民族化、科学化的现代教育发展道路。

什么是好的教育、理想的教育、乡村当事人满意的教育？即使在偏远的乡村，人们都已经有既定的认识。然而由于众多的人对教育的内在复杂关系知之甚少，多数人还不能清楚明白地表述自己对教育的真实需求，乡村教育管理者也不甚明确在基本实现免费"普九"后如何确定下一阶段教育发展的目标，乡村社会对此还缺乏必要的共识。不少人简单地把实行严酷应试教育的"重点学校"视为"优质教育"来追求，一些经济发达地区在初步实现义务教育均衡发展之后，又开始了新一轮耗费巨资打造重点学校、制造新的学校差距的角力。这些都是现实中可能将乡村教育引入花费很高却并不很好的歧路的信号。

因此，在了解农村教育发展新的阶段特征，确立农村教育发展新的目标之后，就必须深入了解农村对教育的真实需求，在准确把握教育主体的真实需求的基础上，对教育资源加以整体优化组合，围绕现代教育的核心价值、教育现代化的根本任务，重构教育与生活、学校与社会的关系，建立以人为本，而不是以学科为本、以考试为本、以分数为本的教育。

在具体实践中，提升教师是更好满足农村教育需求的关键，同时还必须看到农村对教育需求的多样性、流动性以及发展变化的特点，既要注重培养能够适合农村需要、留得住、用得上的农村人才，又要看到城乡的一体性和人才发展以及流动的趋势。

简言之，解决了上学费用只是提供了农村孩子受教育的外部条件，必须清醒地看到农村教育内在的问题尚未解决，从促进社会公平正义出发，努力使全体人民学有所教，建设包括乡村在内的全民学习、终身学习的学习型社会，尚需教育工作者作出更加细致深入艰巨的努力。

PART 6

第六辑

没有安全，教育无从谈起

对学生春游应摒弃 "鸵鸟" 思维

据报道，南昌一名小学生想春游，特意给校长写了一封信，得到的回答却是："我很赞同你的想法，我们是应该去春游，尤其是你们要多走到阳光下，多亲近大自然。但出于安全方面的考虑，我们学校不能每年都组织全校同学春游和秋游。"校长诉说出每次出游时向教育行政部门备案的压力。时下不少学校都意识到：安全问题是春游的紧箍咒。

事实上，安全问题不只是学生春游的紧箍咒，还是体育活动、校外实践以及众多方面的紧箍咒，以致在多方面直接阻碍了学生的正常成长发展。

问题是这个紧箍咒能否真正保障学生的安全。就以出游为例，由于担心安全就长期把孩子关在室内，孩子的活动能力和技巧变差，反而大大降低了学生的自我保护能力，增加了此后一辈子参加各种活动的危险性。调查显示，七成人支持孩子走向户外，近六成的人认为应该由学校集体组织，那么是谁给学校套上了这个紧箍咒呢？又是什么因素导致这些年这个咒越念越紧呢？直接追寻都会追到教育行政部门。

教育行政部门这样做的原因又在于，在政府包揽办教育的体制下，政府与学校之间未能明确责权边界，学校和政府都成为无限责任的承担者，现有的法律法规对春游中学生、学校、家长等各方的安全责任缺少明晰的划分和界定，一旦出事，对安全事故的责任认定和评价机制、程序、规则也都不成熟，学校几乎要负全责，校长承受不了，教师也担当不起。很多地方教育主管部门出于规避安全事故风险，就把这个紧箍咒越念越紧。

没有春游的教育是不完整的教育，紧箍咒不能保证安全而且还违背学生成长的规律，为什么还在念？其实这背后还是个责任问题，是不求有功但求无过思想在起支配作用，是管理部门在评价学校上多一事不如少一事的评价机制在起作用。

各级学校和教育主管部门应该明确的是，满足学生正常成长发展所需要的校外活动需求和保障学生的安全都是自己应负的责任，不能偏废或推诿。建立环环相扣的责任链就能既保证安全又能满足学生校外活动的需要。

第一个环节的责任在于政府要尽快实行教育管理体制改革，厘清学校和政府之间的责权边界，改变学校长期处于模糊的无限责任状态，成为一个有限责任主体，消除学校对于安全问题的过度恐惧。

第二个环节在于尽快完善校内外的安全责任法律法规，细化明确学生、学校、家长等各方的安全责任边界，建立科学、规范、透明的安全事故的责任认定和评价机制、程序、规则。

第三个环节就是教育行政部门的审批不是简单的准还是不准，而应定位为安全检查的一个环节，应积极促成必要活动的开展。简单的不准就是不负责任。

第四个环节是学校要对学生进行安全教育和安全活动训练，普遍增强学生的安全意识和自我保护能力，不能一味采取躲避、取消、看护等消极措施。

第五个环节是学校在每次活动之前要作好组织策划，并制订好相应的紧急预案，如选择正规的旅游公司、规划安全的旅行路线、细致排查安全隐患、为每位学生购买人身意外伤害险、增加陪护教师、组成学生安全小组等。

第六个环节是社会、媒体、家庭要理性、客观对待已发生的安全事件，不要炒作放大，再严格的防护也难防止万一，一个事故的非理性报道会给此后的学生活动增加压力，本身就是不负责任的行为。

因此，政府、社会相关部门和学校在应对春游上应摒弃"鸵鸟"思维，在加强防范、保障安全的前提下，积极安排学生的各种室外活动，把春游还给孩子们。

中国校车与美国校车有何不同

一位四岁的广东女孩，在走下校车后被校车轧死，校车司机和随车老师却若无其事地扬长而去；湖北荆州两位儿童被丢在校车里闷死；湖南长沙也发生过幼儿下车被校车车门夹住书包，拖行 12 米身亡的惨剧；山东济南、陕西西安、安徽安庆等地都发生过此类事故；其他与校车相关的事故也多次发生。

每次事故发生后，各地都从具体事故发生的实例出发，采取了一些保障安全的措施。不能否认，这些措施对减少事故发生有一定的作用，但此类事故为何依然频频发生？这就不能不追究更深层的原因了。

这个深层的原因就是没有将儿童放在应该尊重的适当地位。如果车上坐的是校长，会不会将他丢在校车里闷死呢？如果是县长下车，会不会把他拖一段、压死在车轮下？至少在中国没有听到这样的事情发生。

在不少人的意识里，甚至在不少教育工作者的意识里，依然残留着一些害死人的意识。他们认为，老师比学生重要，师生不是相互平等的，因此校车不够的时候总是先让老师坐；领导比学生更应受到尊重，而不是应受到同等的尊重，因此领导到校无论严寒酷暑都要让学生早早列队欢迎，甚至领导坐在小汽车里，也要求学生鞠躬举手行礼。不少人称小孩依然是"小不点"，而不是小朋友。

一些人甚至认为，公共财产比学生更重要。例如：有人认为学校的电脑比学生重要，因此怕给学生用，要锁起来不能被学生弄坏了，结果若干年后变成一堆毫无用处的电子垃圾；或者认为校车比学生重要，他们心里更在意校车，而不在意学生。

本人曾有意识地作过调查，不少校长能说出该校校车的各种特点，却很难说出几个学生的若干特点，说明学生在其心中的地位不如校车。荆州市被闷死在校车里的学生缺席一天，上课老师为什么不管不问？如果是学校丢了一辆汽车，也会如此长时间不见动静吗？正因为这种意识的客观存在，才有上述惨剧发生，有了这种意识的存在，惨剧迟早会发生，而且还会以其他的形式发生。事实上，在这种意识中，已经变成了校车"坐"学生，而不是学生坐校车。

如果这样一种残留在人的意识中的东西不消除，不改变，与校车相关的危险发生的根源就不可能彻底消除，尽管不断发文件、不断出措施、不断喊口号，仍然难以彻底根除事故。

在有着深刻"儿童中心"理念的美国，交通工具百万公里事故发生率统计显示，其他公路车辆为0.96%，飞机为0.06%，火车为0.04%，而校车仅为0.01%。其根本原因就在于，他们对学生给予了比一般人更多的尊重。校车的安全性是其他公路车辆的9倍，他们还不断对校车进行改进；警察和官员的车要避让校车；校车拥有的路权高于消防车、救护车；专门制定有校车安全法规、校车的安全标准，从材料的选择、设计、生产厂家，到操作规程都有细致要求；"9·11"之后，美国又将校车纳入"全国最高级别易受攻击目标"的范围加以保护。民间与官方合力，核心目标始终是学生的安全，尽力体现对学生的关怀与呵护。专业安全的校车、完善的校车运营管理制度、专业化的运营主体，成为美国对儿童尊重的理念在校车上的体现。

在人们的意识中，对学生的尊重程度是直接与社会和学校的各种行为相关的。不单美国如此，在中国也是这样。首先，是否尊重儿童，尊重到什么程度，是直接与某一个地方的学校如何布局设置直接相关的，其中当然包括是否将学生的安全和交通因素考虑进去；其次，尽管有经济等因素的影响，但存在大量安全隐患的"黑校车"大行其道，本身便是对儿童生命尊重不够的表现。一些政府的决策者正是对儿童缺少起码的尊重意识，才将学生置于不安全的状况之中。

在各地经常看到，民办学校有校车，公办学校反而没有，这本身即是由于民办学校有求于生源。这类学校与学生的利益相关度，远比公立学校紧密，因而对学生的关注与尊重程度自然高于公办学校。公办学校常常是学生有求于学校，于是引发了公办学校对学生的关注不够、尊重不够，甚至高高居上。那些用私家车接送孩子的家长，自然是关注自己孩子的道路安全，但这种高度关注，在中国较多地还停留于"幼吾幼"，尚未大面积推及"及人之幼"。

在一些地方，政府部门或公办学校怕买了校车一旦出事就很麻烦，所以宁可少一事，也不愿意多一事。在学校布局调整时大踏步地收缩，轮到校车就以鸵鸟心态处置。这本身已经不是安全问题，而是对儿童尊重到什么程度的问题。跟车老师只管数数，把孩子放下车，根本不管是否有家长接。

改善校车条件，规范管理，提高校车司机的技能和安全意识，加强对校车的监管，严查校车超员、超载、超速及其他交通违法违规行为，这些都是从普通交通事故的分析出发所进行的考虑。校车安全的最大特殊性在于，它是要以正确处理校车与学生的关系为前提的。一辆装囚犯的车也需要安全保障，但它与校车的安全保障是有很大不同的。唯有看到这里的不同，才可能恰当处理好校车安全的一系列问题。

如果仅有对事故责任人的处理，只有对零散的事故总结教训，而没有从根本上提高全社会对儿童的尊重，提高儿童的社会地位，儿童的灾难依然没有到尽头。彻底回到让学生坐校车，坚决杜绝校车"坐"学生，学生的安全状况才能有质的改善。

呵护学生安全出行不应止于警车护送

2014 年，为确保集体出行学生平安通行高速公路，对教育部门或学校组织的学生集体出行要求护送的，河南省高速交警总队要求各地高速交警无条件派出警车、巡逻车在辖区全境护送。这无疑是个很积极的举动。

保障学生的安全需要政府、学校、家庭、社区、学生等多方面作出努力，各方都从自己力所能及的范围积极主动地做些该做的，学生安全就多一分保障。这原本是个简单的道理，只是有些人不愿做。河南高速交警总队打破警车仅仅送领导的惯例，首倡警车护送学生，对全国各地都是一个很好的示范。

在看到这则消息之后，我查阅了过去学生集体出行交通安全事故发生的情况，发现在高速公路上发生安全事故的比率相对很小，而在非高速公路上发生交通事故的比率几乎占到 90%。依据这一事实，人们对这一做法的态度给予积极评价的同时，对交管部门如何抓住安全事故的主因，更有效地解决学生集体出行的交通安全问题又充满更多的期待。

事实上，交通安全环境是一个难以分割的大环境，警车开道或护送仅在整个大环境不好的情况下显得有效或必要；如果整个交通安全环境比较好，普通行车人都知道礼让校车或运送学生的车辆，运送学生车辆的驾驶人员技术过硬并能遵规守则，警车护送的有效性和必要性就大大降低。

这样一对比就显出反差，在相对不需要警车护送的高速路上有高速交警总队组织护送，在更需要警车护送的非高速公路上反倒没有警车护送，因而校车或运送学生集体出行车辆的安全保障有效性的总体提高是有限的。

如此说来，并非否定高速交警的做法，而是要将这种降低事故概率的严格要求在更大范围内推而广之。

就交通方面而言，要抓住学生集体出行交通安全问题的短板，将高速交警对通行高速公路的校车和中小学生集体乘载车辆的要求推广到非高速的交通环境里，如：作好出行前重点培训；必要区段和时段采取警车护送，规范社会车辆的避让；完善应急处置预案；加强对校车运行情况的监督检查。

对于学生集体出行的非交通安全隐患，也应在全面整体分析各种安全隐患的框架内，分清主次，逐一排除各种大小概率的安全隐患，从而形成全程、全员、全方位的安全保障网。

对于警车护送，除了安全方面的考虑，还不能回避它的社会影响，尤其是对孩子的成长发展的影响。警车护送可能带来的两种效果是：

其一，用警车护送学生，对其他交通当事人是一种限制。解决安全问题的同时，又会带来对学生未必积极的暗示。尤其对于长期在家庭里享受"小皇帝"待遇的孩子，走进社会能否正确摆正自己的位置，能否有效消除特权意识，又成为一个待解的社会难题。

其二，警车护送会不会成为对学校、学生正常出行新的限制。若相关方面未达到高速交警的要求则不能上路，高速交警则由此产生了新的审批权力。这样确实把不安全的隐患挤出了高速公路，却未能彻底排除。

有鉴于此，需要将学生正常成长与学生的安全出行进行通盘考虑，将某一项安全措施放在整个安全环境和体系中来考虑，才可能有效解决安全问题。如此看来，整体改善交通环境优于警车护送。

教师介绍学生打工蕴含高风险

"上蔡两百名高中生遭遇"用工陷阱"流落上海街头"被媒体披露后，引发人们对学校利用假期组织、介绍学生外出打工、考察的警醒。

假期学生外出是学生生活中周期性的需求。高三学生大多已经成年，中部地区的这些学生想到东部地区打工是常见的事。但由于相隔千里，供求信息并不通畅，于是常有教师们介绍学生外出打工。其中有些教师完全是出于好心，免费给学生介绍一些信息；也有某些教师还在其中收取一些用工企业的介绍费，若在合理的范围内都属正常。

然而，在这个过程中，教师们往往做了自己负不起责任的事。比如，对要求介绍打工学生的企业的信誉状况是否全面了解？对学生和雇主之间的责权关系是否有全面把握？雇主对所介绍学生的薪资和劳动保障是否及时足额到位？如果这些没有把握，就包含着较大风险，就不能贸然给学生介绍工作。

造成这种风险的另一方在学生。他们长期在校园中生活，对外界很向往，却缺乏了解。他们对工作时间和工作待遇不满而向中介公司提出返回要求，并向警方报警，显示出他们懂得运用适当的方式维护自身的权利，这是他们身上积极的一面；他们对外界的了解不够，从小在父母的呵护下生活，缺乏吃苦耐劳的耐力，从事一些工作的技能和熟练程度不够，这是他们的不足之处，而往往是这些不足，引发一些预想不到的矛盾和问题发生。

即便上述问题都不发生，由不负责学生就业的教师向中介介绍学生打工也不妥当。不只是"不在其位而谋其政"，还会存在滥用教师信誉的嫌疑，加上相关的雇用手续不齐全，往往仅有私下授意，月薪和生活条件与口头承诺不符的现象时有发生，一遇纠纷就缺乏依法维护权利的依据。到头来还会使介绍的老师信誉受损。

像这个案例中所说的高三学生已经成年，具有独立行为能力。所以他们要外出打工完全可由他们自己出面与企业联系，达成协议后签订规范的临时劳动合同或用工协议。如需要中介也应该尽可能通过正规渠道寻找工作岗位。在签订协议前还要了解用人单位是否合法经营，劳动强度是否适合自己，自己的技能水平能否完成规定的工作量。

就这个案例来说，虽然出了问题，让几十位乃至上百名学生结伴而行还是一种有效的自我保护方式，不能因此就否定这种方式。

相对而言，企业的经营者都精打细算，而刚出校门的学生往往大大咧咧。学生暑期打工主要需防以下骗局：一是骗钱，防止有些非法中介机构收取中介费后消失；有些用人单位向学生收取一定数额的押金或保证金，工作结束时却不退还；有些单位则常以销售的名义让学生从事传销、直销。二是骗劳动力，雇主在快要付工资时找种种理由（如产品质量不合格、损坏了材料）故意克扣，骗取学生的劳动力。三是骗色，一些不法之徒以高薪引诱学生从事"文秘""导游"等职业，实则是从事色情活动。学生们要在社会实践中逐渐增强自己的识别能力。

各地在遇到这种情况时，应该依据《劳动法》等相关法律，严格依法办事，向家长、企业和相关当事方了解全面的情况，再依法确定责任和进行处理，不能为了息事宁人而越权放大。不宜一有事就想当然地把它当成维稳事件以维稳思维处理，不能因为出了点事就不让学生出门打工。

学生信息安全隐患不是"小漏洞"

2014年，福建一所高校出现8万多名学生的学籍卡等个人信息处于"裸奔"状态的事件，导致任何人无需身份验证，不用通过账号、密码登录，都可以进入该校网络职业教育学院的学生信息库，不仅能下载信息，还能随意修改。

虽然警方发现这一安全隐患后对该学院的违法行为依法做出处罚并责令整改，未造成重大损失，但这件事还是给各校诸多警醒。

网络把学校安全带进一个新的环境，也带来一些新的不安全因素和形式。在传统的校园里，可能只需要关注防火防盗防跌跤之类的安全问题。信息化本身带来信息安全问题，师生和管理者都需要加强信息安全意识。而在现实中，该学院负责人在获悉警方通报的情况后，还不以为然地说："这只是一个小漏洞，我们叫人完善一下就行了。"有类似观念的人还很多，增强信息安全意识显得任重道远。

网络安全保障不能靠空洞的口号，也不能靠良心，最终要靠技术。而时下不少学校的管理层对新技术缺乏了解，更不要说亲手去操作了，于是存在一种推卸和逃避心理，对信息安全可能造成的损失估计不够；自己不是内行，也不想采取有效措施改善，不想建立过硬的专业团队加强学校网络安全保障，导致多数学校在网络技术迅猛发展的情况下，信息安全这块板显得越来越短，对学生的学籍卡等个人信息没有采取最基础的安全防护措施。即便那些采取一些防护措施的校园网，常常也经不起菜鸟们的几下倒腾，更不用说遇到网络高手还能保证安全了。从这个角度说，技术落后就无网络安全可言。

在传统的学校里，教学无疑是学校的中心工作，学校与学生的关系内涵相对狭窄，而网络使得学校与学生有了更加全方位、更加紧密的关系。比如：学生的姓名、年龄、身份证号、家庭住址、联系电话等信息在非网络条件下能够传播的范围和速度有限，可以造成的伤害较小。而在网络条件下，获取这些信息对人造成的伤害显著增加。于是原来一些不需要防备的内容，现在需要列入防备对象。原来学校对学生的隐私知之较少，不需要特意地加以防护；而现在学校的信息库中收集有大量的学生隐私信息，学校就有责任保护好学生的这些隐私，不使它们传播到安全范围之外。

从宏观上说，校园信息安全又不只是校园内的事，而且是全社会的事。因此，对学生加强信息环境下的道德教育，普及《计算机信息网络国际联网安全保护管理办法》等常识，建立完善的互联网单位、接入单位、使用计算机信息网络国际联网的法人和其他组织安全保护管理制度，让更多的社会成员学会遵纪守法、文明道德地使用网络，显得刻不容缓。

即使技术再发达、安全工具再尖端，网络安全的所有锚链最终都拴在人的责任心上。在多数情况下，疏忽并不在于技术，而在于相应岗位的人未尽到应尽的责任。所以，明确责任范围、强化岗位责任、建立严格的追责机制，是确保网络安全的真实起点。

"演习变灾祸"暴露安全教育经验严重不足

2015 年 9 月 18 日下午，甘肃天水市逸夫实验中学组织，天水市人防办、消防支队、教育局参与的防空防灾疏散演练，使用 3 枚发烟道具，在教学楼内释放大量烟雾。由于烟雾过量，疏散过程中大量学生吸入烟雾，出现休克、呕吐、抽搐等症状。截至 19 日 18 时，3 家医院共接诊 193 人次，其中，住院治疗 9 人（危重 5 人、重症 4 人），留院观察 139 人。

学生安全无小事。每个学生的安危，都牵动着社会大众的心。从受伤害学生人数和程度来看，这次事故已然成为严重事故。在我看来，纵观此次事故，暴露出来的一个突出问题，就是在安全教育进行与后续处理的过程中存在侥幸心理和经验不足。

正是由于心存侥幸和经验不足，学校"为了增加现场情境的真实性"，在没有对可能存在的风险进行充分评估，事先没有做足预案的情况下就在教学楼内施放烟雾，学生们对烟雾的危害也缺乏充分认知，这为后来事故的发生埋下了隐患。

当事学校校长在接受媒体采访时承认，事前对发烟道具的发烟容量评估不足，摆放的位置也受到了建筑物的影响和限制，加之天气影响，烟雾扩散不及时，成为事故发生的直接原因。对此，我们不禁要问：为何事先不准确计算一枚发烟道具能发多少烟，不检测其质量是否合格，不仔细分析其成分是否对学生有害，不研判以什么方式向哪个方向发烟才能尽可能减少对学生的伤害？当事学校校长解释称，在借用发烟罐前，主要围绕"会不会爆炸、会不会出现明火烧伤人"等进行了咨询。很显然，发烟效果和烟雾可能对人体带来的伤害这些更为关键的问题，被忽略了。

演习造成了真灾祸，令人痛心。学生安全无小事，而现实中学校安全常出事，事后补救是不得已的下策，事先预防才是上策。要切实推进事先预防，就必须做好明确责任和事后问责的工作。对于这样严重的事故，学校和教育主管部门应该在妥善处理后续事宜、深刻吸取教训的同时，举一反三，建立好责任链封闭的机制，防止类似事故再发生。

当然，防止此类事件的发生并不能"一禁了之"，疏散演练出了问题下次就不搞了，这就好比体育课上出了问题就改上自习课了，是典型的因噎废食的做法。不能因为一个学校发生了事故，其他学校类似的活动就不进行了，如此一来，学生的安全意识和逃生技能又该如何培养呢？

之所以出现这种意外，恰恰与相应的演练活动开展得太少有关：一方面学生们缺乏相应的安全意识和能力；另一方面，举办方和参与者也经验不足。举个例子，一些学校为了避免学生安全出现问题，喜欢让学生们尽可能待在教室里，减少室外活动，更别说校外活动了。但是，越是这样，孩子们的体质和自我保护能力越差，反而更容易发生意外伤害，这就是我们常说的，孩子们成了"温室里的花朵"。而锻炼充分的孩子，体力和活动能力比较强，反应速度也比较快，在活动中受伤的可能性反而会降低。明白了这一基本原理，不难看出，当下学校中与疏散演练相类似的安全教育活动不是太多了，而是太少了。在我看来，我们从甘肃天水这起事故中应该吸取的教训，是在安全教育活动中，一定要做好周密的预案，规范好具体内容和形式，杜绝侥幸心理。

想去野外冒险，请先评估风险

2016 年元旦期间，成都某学院的 8 名大学生自发组织登山被困，不得不向成都市公安局打电话求救，警方最终将大学生救出。几年前，也有过类似案例：十多名复旦大学学生在黄山遇险，警方全力搜救，学生们获救了，但一名年轻的武警战士却献出了宝贵的生命。当时获救学生对英雄的冷漠，曾引发社会广泛讨论。

不可否认，现在很多大中学生参与户外活动太少，户外活动能力较低，这是一些学生一出门就容易出事的重要原因。当然，我们也要辩证地看待这个问题，不能因为发生了一些这类事件，就认为学生们应该足不出户。

据媒体报道，此次成都大学生驴友遇险事件中，大学生们陷入险境时，曾给远在北京或广元的家长打电话。这一方面表明他们缺乏自救常识，不懂得"远水解不了近渴"的道理，还会给父母平添不必要的担忧；另一方面，也表明这些学生还是指望家长为自己的行为负责，而不是自己为自己的行为负责。

事实上，每个人的人生中都会遇到千难万险，在一个人的知识、能力、准备不足的时候，危险往往较大；一个人的知识、能力、准备越充分，危险就越小。比如，一个长期不用斧头的人，或许一用斧头就受伤；而天天用斧头的木工，可能一辈子也不会为斧头所伤。之所以如此，除了木工有防范意识，还在于他对斧头的特性十分熟悉。理解了这个基本道理，就能积极预防风险，并在遭遇危险时化险为夷。

我回家乡时，面对儿时攀爬自如的山径，腿脚却明显不灵了，步履沉重；而在山里生活的童年伙伴则气势不减当年，依然步履矫健。其中的道理很简单，他们这么多年一直是这样走过来的，而我则因为多年少走山路，攀爬能力降低了。此次成都 8 位大学生驴友之所以出问题，显然也与以前参加登山活动太少、野外经验不足、锻炼不够有关。他们或许对大山充满好奇，却并不太了解山的"性格"和"脾气"。

这让我想起小时候的一次遇险经历。当时我大约七八岁，生产队里的劳力正忙着送公粮。他们挑着担子走后，我看到量稻的木斛挺好玩——口小底大中间加铁箍，在和小伙伴们玩捉迷藏的时候，就躲进斛子里去了，还在上面盖了些稻草。结果，小伙伴们找了近一个小时也未找到。就在我急得想自己出来时，却发现盘坐在斛底的双腿麻了，怎么也出不来，叫来小伙伴们帮助也不行，以至于后来引得来往过路的数十人围观。最后，那些送公粮的壮劳力回来了，三个人抬着斛子对着稻草堆才把我倒出来。

童年的这次遭遇，让我得到的教训是，进行一些较为危险的活动时，需要自己能掌控风险，而不能自己冒险，却让别人支付成本。这当然不是说，我们就应该一味胆小退缩、不去冒险，而是要提高自己预估和掌控风险的能力，丰富自己的实践经验，全面考虑自己的身体、天气、环境等因素，让自己的应变能力与风险系数相匹配，而不要在自己茫然无所知的情况下去冒险。

我建议，那些喜欢野外冒险的青年人尤其是大中学生，不妨先下些功夫把安全工作做好，事先进行必要的体能和野外生存训练，循序渐进地培养自己的综合能力，再去迎接有风险的挑战。

防范校园性侵须严格执法

2013 年，多起学生遭受性侵的新闻引起了全社会对校园安全和儿童成长环境的忧虑，也让负面消息频发的学校教育再遭质疑。从之前的海南万宁校长带女学生开房案、湖南祁阳 12 岁女童遭老师强奸产子作证案，到湖北武穴 7 岁男童遭教师性侵染病案、江西瑞昌六旬老师猥亵女童案，校园性侵案件越来越频发，受侵害儿童的年龄越来越小，且受害者多为留守儿童等弱势群体。

与舆论的轩然大波相比，此类案件的处理总是显得不够给力，或者高举轻放，或者淡化处理，或者游移拖延甚至不了了之。相关部门对此讳莫如深，即便是对此类校内性侵事件发表看法，也多将它当作师德问题来处理，多从提高师德方面来要求。其实，这样的定位是不全面的。校园性侵案，固然是师德败坏的反映，但已远非"师德"两字所能概括，应该在法律层面进行讨论。

道德与法律是两个不同的范畴，法律是比道德更低的底线，将违法犯罪当作师德问题处罚本身就是为犯罪嫌疑人开脱，更不能因为有教师身份就对犯罪行为做师德定性从而减轻处罚。当然，涉事教师的确泯灭良心，但事实上他们比泯灭良心更坏，他们触犯了法律，应当依法严惩。

在任何一个校园性侵案中，学校相对于受害的学生来说既是强势的一方，也应该是伸张正义、依法行事的一方。而作为地方政府，面对学校的失职、教师的违法和学生受到的伤害，更应该有壮士断腕以维护社会公平正义的职责和勇气。面对校园性侵案，校园能否依法行事，地方政府能否依法办案，是判断一个校园是否为法治校园、一个政府是否为法治政府的标志。

学校的职能是教育，担当言传身教职责的教师竟然以身试法，性侵丑行绝不能得到相关机构和个人的包庇，否则就是对教育的讽刺，更是对法治的藐视。校园不仅应该是道德的高地，也应该是法治的高地。性侵案发生在学校和教师身上，较之发生在社会的其他场所和人员身上具有更大的杀伤力，因此要更加及时、严格执法，任何拖延都是在继续犯罪。

　　眼下，大量事实表明，保护学生基本权利不能仅仅靠道德，还要靠法治。学校尤其不能成为法外之地，对各地逍遥法外的违法教师，都应依法惩处以儆效尤，还校园以清洁。

如何使青少年免受网络欺凌？

一、网络欺凌行为源于现实生活中的负面心理

　　互联网是社会现实的一个反映，因而对于在互联网上发生的事情，实际上在现实社会中也是存在的。网络欺凌实施者作为一个社会个体，在现实公众场合中，或许表现得收敛一点。但这类人群内心里存在欺凌心理，并在互联网上外泄、表露。由于互联网的隐密性和非实名制身份，此类人群就不必忌惮身份暴露而实施网络欺凌行为。

　　中国古代有个说法叫作慎独，也就是当只有自己一个人的时候，看个体的行为表现是否能够和在公众场合中的表现一致。当然能够做到慎独的人，在整个社会人群当中相对来讲还是少数的。比如说，一个人在公众场合下，表现得比较文雅，但如果这个人存在着阴暗的负面心理，那么在他独自一人的时候，就会把本身的天性表现出来。由于网络的隐秘性，从某些意义上说它就是一个无其他人存在的独处空间，有些人就会把内心的东西表现出来。在这种情况下，他们的一些负面想法便会显露。同时，网络欺凌的实施者可能存在巨大的个人心理压力，而通过恶意言语等方式在互联网上对陌生人、青少年进行言语伤害来纾解。青少年上网如果遇到此类人群，便很容易遭受到网络欺凌。加之青少年的思想不够成熟和处世能力相对较弱，无法很好地对这些负面信息进行消化和忘记，就容易产生不良影响。

二、网络欺凌对青少年的不良影响容易恶性循环

网络欺凌行为和现实生活中的欺凌行为是相互交叉影响的。如果在互联网上遭遇言语欺凌，而日常生活中并没有这样的一些现实体验，那么网络欺凌对于青少年的不良影响也未必会发生作用。

实际上，大多数的成年人，在对待青少年上有着一种高人一等的意识。他们会认为青少年就应该服从成年人的想法，执行成年人的相关要求。成年人会因青少年没有达到要求，对其进行训斥、体罚等，这些都会对青少年产生不良影响。甚至还会发生更极端的如虐童、性侵等行为。同时在互联网上，青少年看到网络欺凌的低俗言语，对其心理也会产生负面效应。而青少年的身心发育还未健全，自我心理疏解能力和应对不良信息的能力较弱，如果未采取适当措施，在现实和网络交互影响下，便有可能在其自身心理发展中留下不可磨灭的负面影响，乃至形成恶性循环，甚至会引发青少年抑郁或自杀的现象。

三、解决青少年网络欺凌问题的根本在于提高人的素养

对于如何解决青少年网络欺凌问题，根本的解决办法还在于提高人的素养，尤其是成年人的个人素养，让成人社会更加的干净、纯洁。也就是说，关键在于解决实施者的问题。实施者个人素养提高，个人心理疏导排解成功，那么便不会通过恶意言语攻击等行为将自身的压力和不良影响转嫁给互联网中的青少年。

对于网络管理者来说，就应该对青少年可能遭受的不良信息进行排查，通过设置关键词等方式来做一个触发式预警。如果发现相关不当词汇，便可以进行拦截或者删除。同时，青少年的监护人对青少年上网行为要进行适当的关注，尽可能引导青少年避开容易遭受网络欺凌的网站、社交工具等，同时做好心理疏导工作。要通过学校教育和家庭教育让青少年掌握网络安全知识，提醒他们如遇到网络欺凌，应及时告知家长或者老师，寻求帮助，不要自我处理。

而对于政府部门来说，有必要针对互联网上产生的相关新兴事物进行一个论证，对相关的法律法规作出相应的调整。如在现行的《未成年人保护法》中，针对互联网这一事物，应设立专门章节，针对可能对青少年产生不良影响的方方面面作出法律上的约束，这样才能保证青少年遭受网络欺凌时有法可依，必要时可以采取诉讼手段来解决。当然，只有立法不行，还要依法办事，对违法行为进行有力的惩处。真正要解决这个问题，还需要社会上有更多的人意识到它的危害，意识到怎么样去担当起对下一代的责任。社会越自律，青少年的安全环境越能得到保障。（光明网记者陈城采访整理）

保护儿童亟须提升父母监护能力

近年来性侵儿童等儿童伤害类案件高发，引发"两会"代表委员和公众的关注，并从各方面提出了包括制度建设、法治、教育等方面的建议。这些建议从长远的社会文明建设角度看是积极的，有价值的；倘若全面深入了解当下儿童受伤害的情况，又显得远水解不了近渴。

仅以占儿童伤害案大约四分之一的性侵类案件为例，从各地法院了解的情况表明，受害儿童80%到90%为留守儿童或流动儿童。这足以判断这类事件并非常规的教育或制度建设所能解决的，直接且主要的原因是父母无力监护好自己的孩子。其中一些典型的案例表明，孩子由于长期得不到关爱，造成情感的极度饥渴，遇到一个对他貌似"好心"的人叫他干啥他都干。

再深入追问，则是因为当前农村大量劳动力需要外出才能养家糊口。而外出务工的收入又尚不足以把孩子带在身边监护，或带在身边也没有足够的时间、精力和经济条件进行有效监护，这才是近些年儿童伤害案高发的主因。

如何从根本上减少儿童伤害事件是一道亟须破解的社会难题。有人提出建立健全政府主导的儿童监护制度。这个设想不错，但不免有全能政府的思想印迹，且成本和运行效果都值得打问号。政府监管还涉及亲情等一些棘手问题，不到其他办法都无解的地步不能轻启其端。

面对当下儿童伤害案主要是因为父母限于家庭经济条件而产生的监护能力不足的情况，最直接有力的措施有两大方面。

一是在宏观经济政策上平衡布局，落实人性化的城镇化理念，让更多的人在当地就能找到工作，能够体面地生活，不必外出务工，从而减少父母与孩子分离，以便能更有效地履行监护责任。

二是对那些确实还需要外出务工的父母，要设法保障至少 14 岁以下的孩子有母亲在身边监护。因为调查表明，儿童的母亲对儿童早年生活的监护更有必要，也较父亲更为有效。政府可通过一定的确认程序，对确有需要的父母在扶贫等类资金中发放儿童监护津贴。父母对未成年人至关重要，政府要协助家庭为孩子的安全筑起第一道防护墙。

当然，解决了监护缺失这个突出问题之后，还需要织起整个社会儿童安全的防护网，关键要明确家庭、学校、社区、政府相关机构的责任。加快普及日常安全教育和性教育，对父母伤害或贩卖自己孩子的行为、学校教职人员侵害儿童的行为要依法惩处。与此同时，需要加快与保护儿童安全相关法律的制定和修订，使依法惩处与教育刚柔并济地发挥作用。

孤独症儿童教育保障体系亟待建立

2015 年 5 月 17 日是第二十五个全国助残日，据报道，北京市将符合条件的孤独症儿童纳入社会救助、儿童福利和残疾人优待政策范围，同时现有教育教学资源将接收孤独症儿童，保障适龄儿童入学，并针对孤独症儿童进行单独的课程设置，增加特教教师等。这是值得肯定的一面。

而另一面，不禁让我想起多次在各地调研时曾看到的一些学龄孤独症儿童家长的遭遇。他们诉说孩子入学之难，一般学校不接受也教不了，教师感到一个班有了这样一个孩子则教学负担大大加重，学校也并非真心接纳，或给孩子及家长施加各种压力，孤独症学生则感到难以学有所获，还会加深自卑感。于是家长只能寻找各种途径，将孩子送到相应的私立教育机构。

这些私立教育机构确实解决了一部分孤独症孩子的学习问题，就我曾到过的几家私立孤独症教育机构而言，教师和管理者的爱心、责任心和专业精神确实让人感动，也得到了家长们的认可。但他们苦于难以获得办学资质，政府及相关部门也无资质认定机构和认定程序，这使得这些机构多数处于不合法状态。没有资质的机构学生就没有学籍，没有学籍就不能获得政府的财政拨款。本来孤独症儿童的教育成本就比普通孩子高，还难以获得政府相应的补贴，这些私立机构的困境可想而知。

目前，我国尚无学龄残疾儿童的准确统计数据，有的只是抽样调查数据或根据一定比例推算出的数据，这就导致相应的一系列措施没有确凿的依据。在广大的农村地区，不少学龄残疾儿童，包括孤独症儿童还处于"未发现"状态，学校和老师仅仅把他们当作一般的"差生"看待，由此他们应该享受到的救助、优待以及相应的权利也就无从得到保障，相应的关爱体系也未能建立。

孤独症儿童是残疾儿童中的特殊儿童，需要格外的教育和关爱。在教育方面，由此前孤立的特殊学校教育走向融合式的随班就读是大趋势，也是符合残疾儿童成长规律和自身利益的。同时又需要解决好类似孤独症这类孩子的教育问题，简单的随班就读让他们难以跟上同伴。为他们设置单独的教育机构，他们与专业教师的交往时间有限，缺少与正常同伴的互动又会引发新的问题。因此需要建立既专业又开放的孤独症儿童教育保障服务体系，将孤独症儿童纳入专业特殊教师教育范围，建立足以满足孤独症儿童学习的资源条件，让正常的儿童以志愿者的身份，有序地参与到孤独症儿童的困难和问题的解决中。

当前亟须在全面筛查、诊断基础上作好准确的数据统计，健全孤独症儿童报告制度，这是进行教育和其他救助的前提。要妥善确定相关私立机构的资质，通过政府购买服务等方式，鼓励和引导各类社会组织在康复教育领域发挥作用，打通财政资金帮扶孤独症及其他残疾儿童的闭塞环节，让更多的社会力量参与到孤独症儿童的教育中来。

"校车现象"敲击着教育的定势思维

　　甘肃庆阳正宁县连续发生的校车事故让人痛心，更令人痛心的是这已经不是第一次了。尚不能痛定思痛，悲剧还将继续下去。事故发生后，又出现沿用引发校车事故产生的定势思维的方式处理善后，各地依据定势思维提出新的校车问题解决方案，这才是更应该引起反思的。

　　事实上，校车事故这类事件的发生不是孤立的，而是一个系统出现了问题，引起这个系统发生问题的是存在着一种误导人的思维定势，这种思维定势就是在未能充分尊重儿童基本权利基础上的过度集中办学，在未能认识教育的内在规律基础上依靠行政的惯性作决定。表面上看这样做减少了政府的教育开支，实际上却加重了家庭的负担，扩大了安全的风险，破坏了教育的可持续健康发展，导致乡村文化更贫困。

　　与校车相关的关键因素有三个：一是学校布点；二是入学方式，诸如是否有择校；第三才是校车交通。如果学校布点能在2.5公里范围之内，遵从就近入学的原则，绝大多数学生就能不用乘校车而步行入学，既减少社会成本，也减少家庭开支，还能减少安全风险。

　　不少地方在未能对这个系统全面评估的基础上，在校车系统未能完善之前，就盲目改变其中一个因素，过度集中办学，一个乡仅办一所学校，甚至一个县仅办一所学校，这就无意中打开了校车事故的潘多拉魔盒。

　　不少地方还正在实施"乡镇中心幼儿园建设促进年"。甘肃庆阳正宁县的校车事故，再次为各地正在实施的大力举办乡镇中心幼儿园的学前教育发展模式敲响了警钟。不依据人口分布、生源分布和自然条件规划布点发展乡镇中心幼儿园的模式，不仅会在乡镇范围内产生新的不公平，安全风险也极大。甘肃这所幼儿园的事故就是一个惨痛的教训！中西部一个乡的交通半径大约一百多里地，让3到6岁的孩子每天在路况不良的路上奔波，风险实在太大！

甘肃事故发生后，当地政府的快速反应是将私立幼儿园改为公立幼儿园，而不是考虑如何资助私立幼儿园健康发展，再一次显示定势思维继续发挥作用。这所私立幼儿园的条件确实不够，但它勤俭办园、苦心经营的精神正是当下发展幼儿教育所需要的，它已经积累起来的微薄的幼儿教育资源也是幼儿教育资源远远不够的当地所急需的。简单改为公立幼儿园后，就放弃了路远的幼儿享受幼儿教育的权利，侵害了民办教育者的正当权益，伤害了民间参与教育发展的积极性，造成幼儿教育发展的新的体制性不均衡问题，有违《规划纲要》的基本精神。而当地领导人承诺要将这样的措施在全市推开，其后效自然也只会是利弊参半，引发新的问题。

在全国范围内，校车事故发生后，政府包办发展校车的呼声响起，这同样是定势思维的发酵。于是有人质疑，校车会不会成为下一个教育腐败的病灶。这样的质疑并不是多余的。对于推动校车政府包揽，某些产业的当事人，以及某些习惯了定势思维的行政部门的当权者，他们相互期待已久，校车事故给了他们亲民的理由和机会。

然而，站在师生的立场，或者说站在大多数民众的立场，解决校车问题应当有一个公众参与的决策过程，不能由少数人代表政府作出决定。这样作出的决定，不只难以符合条件差异巨大的各地的实际情况，还可能被实际的校车使用者当作鸡肋。校车的发展需要一个过程，校车的选择也需要一个过程，不可能指望一次会议、一个文件、一个条例就解决好。这个过程当然需要政府积极参与，但决策和选择的主体应当是各地校车使用的当事人，它需要一个自下而上的实践总结和自主选择过程，需要给出多样性的选择。在有了实际的经验之后，由政府与民众协商得出具体的方案，而不能由政府越俎代庖，不能让数以亿计的学生"被校车"。

鉴于当前实际，各地要尽快改变仅考虑单一因素的思维定式，认识到教育发展中的每一次变化都是牵涉到整个系统的。改变思维定式，重新冷静思考大力发展乡镇中心幼儿园的政策，切实依据当地的自然条件、交通条件、人口分布及变化情况做好幼儿教育发展布点工作，尽可能保障就近入园、就近入学，以保障不同居住点幼儿平等享受公共幼儿教育的权利，保障不同家庭条件的学生都能享受到政府政策的阳光，尤其要让那些最急需阳光的孩子及时得到阳光，同时将安全风险降到最低限度。

已经建起来的寄宿制或使用校车的学校，要加强校车系统的安全防范，明确安全责任人，对整个过程进行监控。政府要出钱，要建立法规，这都是大势所趋。而在推进这些方面的进程时都必须摒弃定势思维，必须结合各地的实际，听取真正的当事人的声音。

从已发生事故的数据分析看，农村留守儿童、家庭条件处境不利的儿童是在校车及其他事故中最易受到伤害的人群；从年龄上看，小学生和幼儿园的幼儿又是最易受到伤害的人群；从区域看，乡村学生又是比城市学生更易受到伤害的人群。因此，校车安全要明确这些重点防护对象，采取各种有效措施，加强防范。

学生的安全，政府要负首要责任；防范事故，要从源头上加以杜绝；解决校车之类的问题，要有系统的、可变的、多样的思维。要真正问计于民，在提出多种方案的基础上，将最终的选择权交给学生和家长。

加强校园安保并非长久之计

2010 年连续数起校园凶杀案，绷紧了校园安全的神经，一时间各校门口增加了保安，添置了防卫器具，上学和放学期间还有警察值班。学校各种活动的保安也升级了，或受到更多的限制。春天到了，孩子们无法享受大自然赐予的神奇美妙；六一节到了，孩子们不能自由快乐地出去玩耍；等等。于是有人发问：有必要这样吗？这不是得不偿失吗？

我曾在成都一所学校门前看到值班的警察倒坐在一辆摩托车上，来来去去的学生和家长似乎和他没有任何关系。我特地和他聊了起来："成都的学校有什么情况吗？""没有。""每个学校都有警察？""对。""效果怎样？"他将头撇向一边露出一丝苦笑。

不由得想起 1927 年陶行知在办晓庄学校的时候，经常有土匪到学校滋扰，陶行知可没那么多钱雇那么多保安，学校连围墙也未建，他采取的办法是将土匪请到校内来，问他们为何要做土匪，生活有什么困难，对他们晓之以理，进行教育，后来土匪变为师生们的朋友；他还让学生和校园周边的老百姓交朋友，建立起联村自卫团，不仅保了校园平安，也保了这片乡村的平安。进而他提出要用四通八达的教育，创造四通八达的社会。

而眼前加强学校安保的做法，在原理上正好与陶行知当年的做法相反，不是通过加强不同人群间的良性沟通，而是通过加深人群间的隔绝来保障安全，不仅成本过高，目标模糊，信息不对称，更严重的问题是将对教育产生极为严重的长期的不良后果。

通常说的教育，不只是课堂上讲了什么，更能产生效果的是"学生在现实中感受到了什么"。当一个个学生每天走进挂着"学校重地，未经许可，不得入内"牌子的校门时，他就受到了一种教育；当他每天上学放学时看到警察在校门口值班时，他也受到一种教育。至于这种教育到底是什么，每个学生的感受各不相同，效果也是不一样的，当下的效果与终身的效果也是不同的。

一刀切地普遍加强校园门禁，或许避免了小概率发生的校园凶杀案，却大面积传播了对孩子成长未必有益的信号：或者传递了这个社会已经成为"高压锅"的现实；或深化了人与人之间的不信任与不必要的隔阂；或误导孩子将校园围墙当作整个社会好坏的分界线；或在孩子潜意识里形成人间等级观念；或强化二元敌对意识；或强化冷漠淡化热情；或显示这个社会的丛林法则；或养成"躲进小楼成一统"的意识；或办成将学校与社会隔绝，学生与其他社会成员分离的教育。无疑，这是在进行复制和加深社会分离的教育，是在进行加剧社会不和谐的教育。从长远看，它会在未来因为某个因素的加入而引发更大更多的社会问题；从深层看，它不利于孩子健全成长。

更重要的是，在学校条件不均衡的现实中，过度的武装防卫以及分等级的防卫措施成了鼓励学生成为"人上人"的隐性课程；而人类社会发展需要的是"人中人"，既非人上人，也非人下人，显然这一做法与教育的宗旨相违背。

古代治水就有疏和堵两种方法，历史证明堵最终必然失败，疏才是最为有效的方法。校园安全仅靠加强门禁自然是一种堵的办法，这种办法在特定时期确实能解一时之困，却不宜作为长久的唯一办法，仅仅会使用这一办法可能会引发更多矛盾。

学校需要培养能够正常生活在社会中的学生，沟通本身就是教育，表达是沟通的形式，也是人的尊严的体现，沟通是人际和谐的前提。良性的沟通是学生健康成长的必要条件，教育中所需要的沟通又不应仅仅封闭在校园之内。不仅在学校，而且在全社会，在学校与社会之间，在学生与其他社会人群之间形成良性的沟通是教育所必需的，也是确保校园安全最深层的沃土。

武力的保卫可以与建立良性沟通相辅相成，然而仅靠武力保卫，必然走上与建立有效沟通背道而驰的方向。这样的学校就会变得越来越小，就会成为连鸟也难以自在生活的鸟笼，更不要说培养出什么好的人才。因此为了学生的健康成长，必须抛弃仅仅依靠或过于倚重武力的校园保安思路，把校园的安全建立在学校与社会各方面和各阶层的良性表达和沟通上。只有在公平、平等氛围下良性沟通才能使全社会和校园变得更安全，而且能够获得长久的安全；再有效的防卫也只能获得短暂的安全，而且是副作用与成本都会很高的安全。

套用古语"彼且为婴儿，与之为婴儿"，对于校园的安全可以说"彼且为教育，与之为教育"，遵从教育内在规律也是校园安全保障工作的前提。袁贵仁曾说："没有安全，谈何教育？"完整的表达应该还有另一面："伤害了教育，安全有何价值？"

责任心是学生生命安全保障的基石

2008 年汶川地震，我们遭遇了因学校建筑质量低劣导致校舍倒塌、学生大量伤亡的悲剧，震后全国各地各级政府都开展了对学校建筑的质量安全排查活动，在全国范围内要求各地加固校舍，各级政府曾经发誓要把学校建成最安全的地方。照理说，在中国版图上的青海玉树不会在两年后地震发生时惨剧重演，不料玉树州红十字会会长跟中央广播电台《中国之声》连线时透露，此次地震中玉树 70% 的学校发生了垮塌，而玉树州教育局某领导表示，玉树的学校 50% 的楼房倒塌，100% 的平房倒塌。

经济的相对落后可能会造成地震发生时更多的生命受到伤害，但政府对校舍安全负有直接责任，政府的责任心与校舍安全直接相关。从玉树地震校舍倒塌的情况可以看出一年多前校舍的检查和加固工作并没有在各地认真落实，至少在玉树没有认真落实。

深入分析便不难发现，不均衡的教育状况也在一定程度上让我们付出了更大的生命代价。相关报道表明，玉树第一完小、第二民族中学学生伤亡较小；而人员伤亡最重的是第三完小和民族综合职业技术学校、玉树民族师范学校。其中，第三完小占全部教室 80% 的 18 间平房教室全部倒塌。这不禁让我联想起在各地调查时的所见：每县都有政府重点投入校舍较好的一小、一中、示范幼儿园，其他没有被政府重视的学校校舍则较差，被边缘化的职业与师范学校校舍条件也好不到哪里去。2009 年 7 月本人在青海若干县的调查也印证了这一点。事实表明，只要政府真正对某校尽到责任，那所学校的伤亡就可减到尽可能的少；如果没有尽到责任，这所学校的伤亡就会是很惨重的。责任心是学生生命安全保障的基石！

玉树的惨痛教训能否真正被汲取？目前中国的校舍是否都是安全的？还有多少学生在危旧的教室内上课？地震再一次把这个问题暴露出来，迫切需要的是负责任的切实措施。

基础不牢，地动山摇，一个社会真正的基础是对生命的尊重，尤其是对孩子们生命的尊重。为此我建议：（1）坚持以人为本，从源头上综合治理地震给人类带来的伤亡，防止人间悲剧发生；（2）对全国的校舍再进行一次负责任的严格的安全检查，对未尽责任者问责；（3）各地政府将更多资金优先投入到薄弱学校、医院等危旧建筑的改造上，提高学校教室的抗震等级；（4）对包括学生在内的全民进行应对地震常识教育和宣传；（5）鼓励对地震进行开放而非官方垄断的研究，鼓励优秀学生选择与地震相关的专业。

"教育评辨"系列是一个"怀孕"时间超长的产儿,从所收文章看,前后写了 10 来年。从对这些问题的调查以及思考来看,则有 30 多年了。

这个系列之所以能生成,首先感谢那些不断盯着我要稿子的各个媒体记者和编辑,他们常是问题的提出者,也是文稿的加工者。据不完全的回忆,他们是《光明日报》的何东平、丰捷、罗容海等,《中国教育报》的翟博、周飞、张显峰和杨国营等,《人民日报》的杜飞进、赵阿娜等,搜狐财经的汪华峰,《法制晚报》的林定忠,《中国青年报》的李斌,《北京青年报》的姬源、熊颖琪,《东方早报》的李旭,《新京报》的王磊等,还有《环球时报》《中国教师报》以及一些期刊的编辑,或有疏漏,请海涵。

这个系列得以出版,华东师范大学出版社大夏书系给予了大力支持,编辑卢风保做了大量细致的搜索、筛选、编辑工作;由于本人 2016 年眼睛先后做了 4 次手术,恢复缓慢,爱人胡翠红帮助做了大量工作。一并致以诚挚感谢!

书中定有不足、不妥之处,欢迎读者批评指正,请将指正意见发我邮箱:chu.zhaohui@163.com。万分感谢!

储朝晖

2017 年于北京